我国技术市场发展对工业绿色转型的影响研究

骆莙函 著

中国财经出版传媒集团
经济科学出版社
Economic Science Press
·北京·

图书在版编目（CIP）数据

我国技术市场发展对工业绿色转型的影响研究／骆䒕函著. -- 北京：经济科学出版社，2023.11
ISBN 978-7-5218-5317-9

Ⅰ.①我… Ⅱ.①骆… Ⅲ.①技术市场-影响-工业经济-绿色经济-研究-中国 Ⅳ.①F424

中国国家版本馆 CIP 数据核字（2023）第 202371 号

责任编辑：王红英　汪武静
责任校对：李　建
责任印制：邱　天

我国技术市场发展对工业绿色转型的影响研究
Woguo Jishushichang Fazhan Dui Gongye
Lüse Zhuanxing De Yingxiang Yanjiu
骆䒕函　著
经济科学出版社出版、发行　新华书店经销
社址：北京市海淀区阜成路甲 28 号　邮编：100142
总编部电话：010-88191217　发行部电话：010-88191522
网址：www.esp.com.cn
电子邮箱：esp@esp.com.cn
天猫网店：经济科学出版社旗舰店
网址：http://jjkxcbs.tmall.com
固安华明印业有限公司印装
880×1230　32 开　7.125 印张　200000 字
2023 年 11 月第 1 版　2023 年 11 月第 1 次印刷
ISBN 978-7-5218-5317-9　定价：52.00 元
（图书出现印装问题，本社负责调换。电话：010-88191545）
（版权所有　侵权必究　打击盗版　举报热线：010-88191661
QQ：2242791300　营销中心电话：010-88191537
电子邮箱：dbts@esp.com.cn）

前　言

　　工业是中国国民经济的重要引擎。改革开放以来,中国工业经济取得了举世瞩目的成绩。尽管中国工业经济维持了较高的增速,但随着人口红利的消失和资本积累的下降,经济增长增速减缓的态势基本形成。中国粗放式的工业增长模式未得到彻底转变,污染排放和资源消耗濒临环境承载的极限。在经济新常态的背景下,加快转变工业经济的增长模式、有效提高可持续的工业竞争力是破解资源环境约束的关键路径。大力推进工业绿色转型是实现中国工业经济高质量发展的必然要求。

　　工业绿色转型的核心问题是如何在资源环境约束下更好地提高工业产品的附加值,实现经济的提质增效。国内外大量的研究表明,自主创新能力提高是促进工业绿色转型的有效途径。然而,对于肩负着创新资源统筹配置,实现技术转移和成果转化使命的技术市场发展所带来的影响,却并未受到学术界足够的重视。技术市场通过交换知识形态的先进技术,在增强科技事业的自我发展和激励企业自主创新上发挥着重要作用。那么,技术市场发展是否可以推动工业绿色转型?如果答案是肯定的,实现的机制是什么?为了回答以上疑问,本书在参考现有文献的基础上,理论分析了技术市场发展影响工业绿色转型的作用及其机制,并采用了系统 GMM、动态 FE、动态 OLS、Tobit 等多种计量工具进行实证检验。此外,拓展分析了技术市场发展对工业绿色转型的异质性影响和技术市场发展与政府宏观政策的协同效应问题。形成如下内容。

一、测算了中国地级市技术市场发展水平和工业绿色转型进程

工业绿色全要素生产率可以充分体现工业绿色转型进程。因此，本书将资源与环境纳入生产函数，采用了非径向、非角度的方向性函数（SBM）和 Malmquist – Luenberger（ML）指数测算了反映中国 284 个地级市工业绿色转型进程的工业绿色全要素生产率。通过技术市场交易额测算了中国技术市场发展水平及技术市场细分市场，技术开发市场、技术转让市场、技术咨询市场和技术服务市场的发展水平。结果显示，第一，2009～2016 年，我国技术市场发展水平总体呈上升趋势，细分市场的发展水平存在明显的差异性，其中，技术服务市场近年来发展速度最快，已成为最为主要的技术市场，交易总额最高；第二，在工业绿色转型进程方面，中部地区的发展进程较快，其余顺次为东部地区和西部地区。西部地区低于国家整体平均水平。

二、考察了技术市场发展对工业绿色转型的影响及其作用机制

理论分析了技术市场发展对工业绿色转型的影响作用及其机制，并通过多种计量工具进行实证。研究发现：第一，我国技术市场发展对工业绿色转型有显著的推动作用；第二，技术进步和技术效率是技术市场发展影响工业绿色转型的主要机制；第三，技术进步的中介效应高于技术效率效应产生的作用。

三、探讨了技术市场发展对工业绿色转型的异质性影响

分析了不同地区、不同时期和技术市场细分市场对工业绿色转型的影响差异。结果显示，第一，技术市场发展对工业绿色转型的影响存在地区差异性。我国技术市场发展在东部沿海城市和长江经济带城市对工业绿色转型的作用较强。第二，不同时期下技术市场

发展对工业绿色转型的影响有所区别。《中华人民共和国促进科技成果转化法》颁布后，我国技术市场发展对工业绿色转型的影响作用显著增大。第三，技术开发市场、技术转让市场和技术服务市场对工业绿色转型有较好的推动作用。

四、揭示了技术市场发展与政府宏观政策协同下对工业绿色转型的影响

结果显示，第一，环境规制和财政科技支持对技术市场发展都有显著的推动作用。第二，环境规制对技术市场的工业绿色转型效应存在单一门槛效应，跨过门槛值后将不利于工业绿色转型。第三，财政科技支持始终对技术市场的工业绿色转型效应有促进作用，并且影响作用存在最优区间，在区间范围的财政科技支持所带来的效率最强。第四，细分市场的门槛检验结果显示，环境规制对细分的技术市场工业绿色转型效应均呈现单一门槛值。财政科技支持对技术开发市场、技术咨询市场和技术服务市场的工业绿色转型效应存在门槛效应。

与已有研究不同，本书系统地研究了技术市场发展对工业绿色转型的影响作用及其影响机制。这不仅为促进工业绿色转型提供了一个新的视角，在理论上为推动工业绿色转型提供了一种新的研究思路，也在应用上为推动工业绿色转型提供了一条新的实现途径。本书的研究，既是对技术市场发展研究领域的不断开拓，也是对工业绿色转型研究的极大补充。同时，本书的研究，可以从技术市场发展的实际出发，结合政府宏观调控的制度环境，为政府通过提高生产要素市场质量和配置水平推动工业绿色转型提供了重要的理论依据、实现途径和政策启示。研究结论有重要的理论意义和实践价值。

目 录

第一章 绪论 …………………………………………………… 1
　第一节　选题背景与研究意义 ……………………………… 1
　第二节　国内外文献综合评述 ……………………………… 4
　第三节　重要概念的内涵界定 ……………………………… 30
　第四节　研究方法与技术路线 ……………………………… 39
　第五节　研究内容与创新之处 ……………………………… 41

第二章 中国技术市场发展与工业绿色转型的特征事实 ……… 44
　第一节　技术市场发展的现状分析 ………………………… 44
　第二节　工业绿色转型进程与存在问题 …………………… 63
　第三节　技术市场发展的指标选择及结果分析 …………… 78
　第四节　工业绿色转型的衡量指标及结果分析 …………… 81
　第五节　本章小结 …………………………………………… 87

第三章 技术市场发展影响工业绿色转型的理论分析 ………… 90
　第一节　技术市场发展的运行机制 ………………………… 90
　第二节　技术市场发展对工业绿色转型的影响机制 ……… 94
　第三节　技术市场发展促进工业绿色转型的实现基础 …… 103
　第四节　本章小结 …………………………………………… 108

第四章　技术市场发展对工业绿色转型影响的实证研究 …… 111
　　第一节　技术市场发展与工业绿色转型的相关性分析 …… 111
　　第二节　技术市场发展对工业绿色转型影响的实证
　　　　　　分析 …………………………………………… 115
　　第三节　技术市场发展影响工业绿色转型的传导机制
　　　　　　检验 …………………………………………… 129
　　第四节　本章小结 ………………………………………… 140

第五章　技术市场发展促进工业绿色转型的异质性分析 …… 143
　　第一节　技术市场发展影响的地区差异 ………………… 143
　　第二节　技术市场发展影响的时期差异 ………………… 149
　　第三节　细分技术市场对工业绿色转型的影响 ………… 153
　　第四节　本章小结 ………………………………………… 165

第六章　制度环境对技术市场工业绿色转型效应的影响 …… 167
　　第一节　计量模型、变量与数据 ………………………… 167
　　第二节　技术市场发展、环境规制与工业绿色转型 …… 171
　　第三节　技术市场发展、财政科技支持与工业绿色转型 …… 175
　　第四节　制度环境的门槛效应检验 ……………………… 180
　　第五节　本章小结 ………………………………………… 190

第七章　研究结论与研究展望 …………………………………… 192
　　第一节　研究结论与政策建议 …………………………… 192
　　第二节　研究局限与未来展望 …………………………… 198

参考文献 ……………………………………………………………… 201

第一章

绪　　论

第一节　选题背景与研究意义

一、选题背景

改革开放四十多年来，我国市场开放程度不断提高，经济规模不断扩大，已成为世界第二大经济体。然而，在我国经济迅速增长的过程当中，在很大程度上依赖生产要素"高投入、高消耗、高排放"的粗放型经济发展模式并未发生实质性转变。在融入世界经济体系的过程当中，中国工业大多以来料加工、装配业务等资源密集型产品的输出为主。长期以来一直处于全球价值链分工的低端，产品加工度和产品附加值不高，对上游的研发与下游的品牌环节基本无话语权。[①] 同时，中国资源密集型的工业生产正不断消耗大量资源，将不同种类的污染物质排放到大气中，严重破坏了生态系统，对公共健康造成了无法挽回的损害。国际环境的新趋势，全球经济增长方式的新变化，使中国工业有必要加快绿色转型才能实现经济

---

① 国务院联防联控机制 2020 年 4 月 10 日举行新闻发布会提道："我加工贸易进口以中间品为主，占加工贸易进口额的 80% 以上。"

的可持续和健康发展。加快工业绿色转型，完成由工业大国向工业强国的蜕变，一方面，需要不断增强工业创新的自主能力，不断研发新技术，实现自主品牌的建立和生产，增强工业产品的国际竞争力；另一方面，需要改变现有的工业行业发展方式，促使经济从资源密集型向集约型发展。那么，在资源和环境的制约下，我国如何推动工业的绿色转型呢？中国工业是否可以在一定目标下进行优化？这成为当今社会亟须解决的问题。许多学者分析了我国工业绿色转型的瓶颈。他们认为，研发投入不足、缺乏创新技术人才、未能建立以企业为主体的创新体系以及不完善的知识产权制度，都限制了我国的技术创新并阻碍了工业的绿色转型。

技术市场是通过技术交易实现技术转移和扩散技术成果的主要手段，可以推动技术创新的良性循环，是促进科学进步的有效途径，许多国家的实践也纷纷证明了技术市场的重要性。技术市场作为要素市场，在合理配置科学技术创新资源、建立健全创新市场导向机制、推动技术快速转让以及成果转化中起到了至关重要的作用，是我国现代市场体系以及创新体系的重要组成部分。自1984年中国开放技术市场以来，技术市场经历了系统设计、政策演变和模式创新三个阶段，逐渐形成与技术市场相配套的管理与服务机制，完成了由计划经济体制向市场经济体制的转型跨越。我国2019年技术合同总成交额首次越过2万亿元大关，提前完成了"十三五"时期既定目标。日趋活跃的交易市场、逐渐扩大的交易规模使得技术市场成为全社会研发投入的重要渠道，这不仅拓宽了原来以财政为主要科技投入的单一路径，还推动了创新资源的优化配置，为加速区域间技术成果的转化以及增强区域间企业的自主创新能力提供了平台保证。

中国工业行业亟须绿色转型，那么肩负着创新资源统筹配置，实现技术转移和成果转化使命的技术市场发展是否可以促进其绿色转型？假设结论是肯定的，那么应如何利用技术市场发展促使工业绿色转型？不同地区的技术市场发展对工业绿色转型的影响是否存在地区差异？为回答上述等问题，本书基于工业绿色转型理论，针对工业绿色转型的深刻内涵，开展进一步讨论。在相关领域已有文献的基础上，系统归纳技术市场发展影响地方工业绿色转型的途径和机制。不仅在理论研究框架方面提供新的思路，也在经验研究方面提供了新的证据。

二、研究意义

（一）理论意义

工业绿色转型作为转变经济生产方式的重要推动力，是学术界关注的焦点。学者们从不同视角对促进中国工业绿色转型的影响因素进行了分析，认为自主创新是推动工业绿色转型的关键动力。然而，已有文献忽略了市场经济条件下最基础和最重要的利益驱动效应，即创新成果的供给与需求是驱动创新实现市场化的重要来源，只有创新主体为实施创新行为所付出的成本得到补偿，并且获取相应的利益，创新主体更积极地展开创新活动。因此，为技术交易提供平台的技术市场发展可能是工业绿色转型的重要影响因素。对此，本书从技术市场发展角度出发，梳理了其对工业绿色转型的影响，具备两点重要的理论意义。

第一，我国学界当前对技术市场的研究还不完善，仍处于起步阶段，对技术市场的内在运行机制以及技术商品特殊性质的系统性研究较少，对技术市场客观规律的认识仍在表面阶段。本书将技术商品和普通商品予以区分，基于对技术商品的特殊性的考虑，对技术市场运作的内部机制进行探究。在阐明技术商品和技术市场的本质属性以及特征的同时，也推动了技术市场的基础理论建设。

第二，本书梳理了影响工业绿色转型的技术市场发展机制。这不仅在工业绿色转型研究方面提供新的思路，也拓展了对技术市场发展的研究领域。了解技术市场发展影响工业绿色转型的作用途径和方式，能够帮助我们在技术市场快速发展的现实下，提高工业绿色转型给予理论方面的依据。

(二) 现实意义

科技和经济的发展是决定国家兴衰的重要因素，科学技术的创新发展是宏观经济增长的内在动力。技术市场作为技术产品的交易平台，通过将科学技术与社会经济相结合，将技术产品转化为实际生产力，以期实现国民经济的高质量发展。本书将技术市场的发展作为主要研究对象，在技术市场发展理论的基础上，全面、系统地分析了技术市场对工业绿色转型的作用力以及内在机理，并提出现实的政策建议。本书的研究为我国完善技术市场，促进工业绿色转型具有重要的现实意义。

第一，为建立健全我国国家创新体系提供理论支撑。我国技术市场创新的主体主要包括企业、科研机构和政府，是提高国家创新能力和效率的主要动力。在市场经济的大背景下，技术市场作为我国创新体系的重要组成，在国民经济中占据至关重要的地位。完善的技术市场体系制度可以促进国家创新主体之间的互动和交流，支持保障各项创新活动的顺利开展，并可以有效规避部分创新风险。因此，本书关于技术市场发展的对策建议对我国科技体制改革和国家创新体系的完善具有现实意义。

第二，为我国技术市场体系的建设和完善提供政策建议。作为要素市场之一，技术市场与劳动力、信息和金融市场等要素市场共同促进，协同发展，是我国资源配置优化调整的重要途径和手段，在市场体系建设中具有重要作用。因此，深入研究技术市场的理论，可以更好地服务技术市场体制建设和完善。并通过与其他要素市场的良性互动，更为全面地提高资源配置的有效性和利用率，对建设一个规范有序的市场体制具有重要现实意义。

第二节 国内外文献综合评述

我国对技术市场发展及工业绿色转型的研究主要有以下三类：

一是以技术市场为基础展开的研究。内容主要包括技术市场的培育研究、不同地区和类型的技术市场研究、技术市场的影响机制研究以及推动技术市场发展的影响因素研究。二是对工业绿色转型的研究，研究主要聚焦于全球价值链视角下和资源环境约束下的工业绿色转型问题。三是对技术市场发展对工业绿色转型的影响研究。

一、技术市场研究综述

随着我国市场经济体制的确立，作为要素市场的必要组成部分，技术市场的重要性愈发显现，在推动我国市场化进程方面发挥了巨大的作用。为此，学者们纷纷展开研究，探索技术市场的理论与实践。学术界对中国技术市场的产生和发展过程的研究主要有两个方面。

一是论证了技术商品化的必要性，并提出建立符合我国国情的技术市场基本框架，为技术市场理论的发展打下良好基础。如戴燕艳（2002）、傅雷和牛芳（2004）、陈晴等（2004）分别对技术市场的内涵、运行方式、组织形式、范围等问题展开研究，梳理了我国 1984 年以来技术市场发展的历史，确定相关概念。总结历史经验，提出未来的发展方向。李柏洲等（2011）从创新系统的角度出发，提出确立促进技术市场运行效率的内部机制，强调通过优化科技资源的市场配置来提高区域创新能力和经济发展的质量。蒋芬（2016）分析了 1980～2022 年，中国技术市场不断发展变化的过程、趋势及存在的问题，研究了技术市场在发展过程中的阶段和主要特征，并提出了适当的政策建议。姜慧敏和崔颖（2018）认为在过去的十多年中，中国技术合同交易在不断地完善，并且制定了分步发展计划，形成了技术服务为主，技术咨询、开发、转让为辅的新格局。通过对比国内外的技术市场发展的历程、规模及交易主体，姜江（2020）发现，欧美国家的技术市场经过近 400 年的发展，已相对成熟，但中国的技术市场依旧在起步阶段。虽然中国技术市场交易规模在近二十年中出现了爆发式增长,但其在全球份额的增长并不明显。朱雪忠和胡锴(2020)使用文献计量法和内容量化法分析了中央政府部门的技术市场政策,为未来制定技术市场的政策提供依据支撑。根据"点—线—面"的研究思路,张林和莫彩玲(2020)采用分形理论、关联强度模型和隶属模型等方法,分析了2003~2017年技术市场的时空演化特征,并且认为我国需要利用好"技术市场+互联网",以巩固技术市场的主导地位,提高技术市场服务地方的能力。田波(2021)从加强培育和建设的角度总结了改革开放以来中国技术市场的形成和发展过程,以及党和国家在这方面的主要实践和理论贡献。李文娟(2021)解释了技术市场的概念,从登记技术合同、建设技术转移人才培养基地、制定技术交易后补助政策、培育技术转移机构、规范技术经纪人职称的设立等方面,对近30年来的技术转移成果进行了综合评述,以期使之进一步成为推动科技进步的重要桥梁。

二是在总结我国技术市场工作实践的基础上,从创新市场制度、政策法规、市场功能缺失和失灵等角度切入提供了相应对策建议,以解决技术市场现存的问题。例如傅正华等(2016)通过研究中国技术市场发展面临的机遇和挑战,提出中国应作出战略性选择,进一步激活技术贸易,建立健全国家技术转移体系、技术市场法律制度和管理制度,推动技术市场良性发展。杨兵和姜向荣(2017)分析了山东省技术市场"十二五"时期发展的状况,指出了山东省在政策支持、技术供给能力、管理服务等方面的仍需改进之处,并就如何促进人才与资本市场的融合、加强创新服务功能、弥补政策短板、扩大对外交流等问题进行了思考。侯冬青和尹君(2017)根据对河南省2014年科技成果相关数据的统计分析,并采用大数据可视化方法,对科技市场发展中的问题进行探究,提出解决对策。运用曼奎斯特指数法测算2006~2015年我国技术市场的运行效率,张座铭等(2018)使用空间统计软件对中国多个省(区、市)技术市场的运营效率值进行空间聚类分析,得出的结论是中国技术市场的整体运行效率在不断提高。吴亚娅（2018）分析了制约我国技术交易市场发展的原因，包括导致高科技交易沟通成本下降的反向选择，需要改善的技术交易跟踪服务机制以及技术交易的地域分布不均。董丽英和刘巍（2019）从管理专项资金、推进科技成果转化、规范技术市场、科技金融等方面，对京津冀三地政府开发区域针对技术市场所出台的地方性法规、政策文件进行分析，发现三地出台的法规政策文件各有特点，建立互联互通的技术市场乃大势所趋。王珺等（2020）将美国和欧盟的技术交易市场的相关制度与中国的制度进行比较，从制度顶层设计、监管评价体系、企业主体地位保障、法律法规的可操作性、高校科研活力释放等方面提出了建议。谢富纪（2020）分析了中国技术市场交易的基本特点、信息服务平台、市场监管制度和国家创新系统的不完善等影响技术成果转化的因素，提出了四大机制构思，包括信息共享机制、行为约束机制、中介组织机制和市场监管机制，以此建立和发展中国技术市场。从政府作用、知识产权保护、配套设施、政策体系建设、专利技术产业化、创新主体激励等方面提出了相应的对策建议。周正柱等（2020）研究结果表明，长三角地区的技术市场呈现出越来越活跃的区域间技术交易，技术交易网络已经发展到多中心阶段，技术市场机构的服务能力逐渐提高、服务效果显著，技术转让中心服务功能逐步提升，总结了长三角技术市场存在的问题：法律法规不完善，信息交流不顺畅，交易率低，服务企业综合实力薄弱。提出了如何改善技术政策和创新环境，进一步培育市场主体的创新活力，进一步增强专业服务技能，培育多个技术创新单位，加强科学建设和技术服务体系，增加技术创新成果的有效的建议。

（一）不同区域与类型的技术市场研究

随着技术市场的不断发展，有关区域技术市场的研究也日益受到关注。例如彭敏等（2020）讨论了成都与重庆一体化技术市场的创建。结论认为：一体化技术市场是两地区科技成果转化的开放渠道，是技术、文化、金融和人才共生的生态系统，是科技创新中心的重要支撑。根据1998~2016年的长江经济带的面板数据测算了绿色全要素生产率的水平后，孙博文等（2020）发现，长江经济带的区域技术市场提升了劳动力市场，促进了资本市场一体化以及资本配置的效率，最终显著提升了地区绿色全要素生产率水平。可以通过增加研发资金投入、人均工资水平、市场整合和资源配置效率，增强了市场技术开发能力从而提升绿色全要素生产率。周正柱等（2020）概括了在一体化背景下长三角地区技术市场的发展情况，对长三角地区技术市场发展的特征和存在的问题进行了探究，并提出了相应的对策。

在省级层面的区域研究上，杨兵和姜向荣（2017）对山东省技术市场"十二五"时期发展状况进行了分析，对山东省科技创新能力、政策支持、管理服务等方面存在的不足进行了分析，并提出了改进方向。侯冬青和尹君（2017）通过对2014年河南省科技成果的相关数据进行统计分析，运用大数据可视化方法，对技术市场发展中存在的问题进行描述，并提出解决对策。根据近年来来自青海省的相关数据，胡书娟等（2018）分析了青海省的现状和现有技术市场问题，并提出了符合青海省技术市场发展和科技成果转化实际需求的解决方案。王方等（2018）根据陕西省30所高校、25家企业和8所科研机构等的调查数据，对研究成果进行了修正和量化，得出了作用于技术供给方和技术需求方相互选择时考虑的主要因素。顾真溶和蒋伏心（2019）以长三角多个行政区域为研究对象，采用两步效率评估方法研究区域技术市场交易效率对创新能力及其机制的影响，发现了发明类型的专利和提高的区域创新能力对区域技术交易的中间效率存在积极影响。徐玉萍等（2020）根据对近几年江西省技术合同交易统计数据进行分析，从管理体制、技术交易平台、高素质人才队伍、中介服务能力等方面分析了目前江西省技术市场发展中存在的问题，并提出了进一步发展的有效途径。李昊等（2020）对比分析了河南技术交易市场的整体现状，以及中部六省的技术吸收及输出情况，提出了促进技术市场健康持续发展的对策。张文彬（2020）对江苏技术市场环境的空间相关性进行了分析，并通过逐步多元回归分析完成了影响因素的分析。任建松和李金根（2020）分析了安徽省"十三五"时期技术市场发展的现状和缺陷。并从服务体系建设、政策引导、服务平台建设等方面提出了相关意见。杨映明等（2020）根据2019年云南省的技术市场统计梳理了云南省2019年技术市场发展的特点，分析了云南省技术交易合同数量和价格同时下降的原因，以及贵州与全国平均水平之间的差距原因，并提出了适当的促进手段和激励措施。刘小锋等（2021）分析了河南省技术转移机构在发展过程中仍需改进之处，从学科、专业、精准、合作、广度、技术、服务深度、智慧等方面构建了服务模式和实现路径，并提出了相应的对策。在对山西省科技成果转化活动中技术市场发展状况进行分析后，王鸿禄等（2020）提出了相应的工作建议。边钰雅等（2020）总结了吉林省技术市场发展的特点，指出了吉林省技术市场的发展现状及变化趋势，并提出了全面优化优质发展的对策。

在城市层面的研究中，刘璇和刘军（2010）以北京和上海的技术市场的成交额、合同量和流向作为研究依据，分析中心城市延伸到周边地区的技术创新的强度。同时以合同数为变量，在VAR模型中使用脉冲响应函数，测算出北京和上海技术创新的扩散效应。张汝飞等（2016）利用格兰杰因果检验、VAR模型、脉冲响应函数和方差分解等工具，实证分析了北京技术市场与产业结构之间关系。结果显示，北京技术市场与产业结构之间存在因果关系。郑彩霞（2020）利用2019年福州市技术合同登记资料，分析和整理福州技术成果转化的发展现状、现存问题，并在此基础上，提出了适当的对策和建议。杨亚妮等（2020）通过对兰州市2018年技术交易发展状况及特点深入了解，针对存在的问题，提出了相应的改进方向。

（二）技术市场的影响力研究

关于技术创新的影响力研究，许水平和尹继东（2014）对技术市场发展的创新能力推动作用进行了实证检验，认为技术市场发展对技术创新具有较强的推动力。通过对中国 30 个省（区、市）的数据分析，赵志娟和李建琴（2015）发现了技术市场发展对区域创新能力的影响机制，并相信技术市场是区域创新能力的主要驱动力。张汝飞等（2016）使用方差分析，格兰杰因果关系检验，脉冲响应函数和 VAR 模型等方法研究了北京的技术市场和技术创新机制，并指出两者之间存在因果关系。戴魁早（2018）讨论了技术市场发展对技术出口的影响机制，研究发现技术市场的发展有效提高了高新技术产品出口的技术复杂程度，其途径主要是通过增加研发投入、促进技术转化、提高技术溢出效应等机制。夏凡和冯华（2020）认为，技术市场化是推动区域科技进步的有效途径。通过规模效应，技术市场的规模扩张可以降低交易成本，识别成本和外部知识，改变企业创新行为决策，从而对区域技术进步起到积极作用。张营营等（2020）比较中国工业企业和海关数据，分析技术市场发展对工业企业出口产品国内附加值的影响。结果表明，技术市场的发展能够提升国内出口产品的增加值率，且该效果在东部地区更为显著。以长江经济带 1998~2016 年面板数据为基础，孙博文等（2020）认为，完善技术创新机制和技术市场体系有利于推动绿色全要素生产率的提高。利用 2006~2018 年全国省级面板数据，张亚萍等（2020）从技术吸收和技术产出两个方面研究了技术市场对重大科技创新的影响。结果发现技术产出对重大科技创新活动有显著正向作用。

关于技术转让活动以及技术市场对宏观经济增长的影响，学者们大多根据技术内生增长理论展开实证分析。例如，潘雄锋和刘凤朝（2005）基于国家统计局 1987~2002 年的数据，运用计量协整分析方法，分析出的结论是：市场发展与技术和经济增长之间存在均衡关系。金伟民（2009）基于《中国统计年鉴》提供的统计数据，同时运用协整分析测量方法，对中国技术市场的发展与经济增长之间的关系进行实证研究发现，技术市场发展与经济发展之间存在 5~6 年的差距，而技术市场发展对经济的拉动需要三年方可体现。沈坤荣和傅元海（2010）通过分析国外企业的技术知识溢出效应，发现技术扩散与转移有利于提高内资企业的经济增长质量。通过分析上海 GDP 的协整和技术转移数据，黄登晓等（2011）认为，上海的技术转让与其经济增长之间存在着长期稳定的关系。基于 1987~2009 年我国技术市场发展的数据，张优智（2011）运用协整分析法，同样实证研究了技术市场发展对宏观经济的影响，得出相同结论，此外还发现滞后期具有双向因果关系。杨宇轩和赵淳宇（2018）运用格兰杰因果关系检验、方差分解、脉冲响应函数和协整检验等方法，对技术市场的发展与经济增长之间的联系展开分析。分析结果显示：技术市场与经济增长长期处于均衡关系当中。彭甲超和易明（2018）使用莫兰指数方法分析了我国技术市场发展的时空分布特征，并使用空间误差模型研究了技术市场发展对经济增长的影响。研究发现，各省技术市场的发展存在显著的空间正相关关系。邓雨露（2021）结合 ADF 检验、格兰杰因果检验和 VAR 模型，对福建省技术市场发展状况与经济增长关系进行了分析。

（三）促进技术市场发展的影响因素研究

作为要素市场的重要组成部分，技术市场的发展是诸多因素共同作用的成果。

刘和东（2006）通过对技术市场发展和自主创新能力在 1991~2003 年的相关数据的协整分析和因果检验，发现二者之间存在较大的相关性，并从影响我国技术市场发展的政治、社会、经济、技术需求与供给等因素入手，开展具体研究。汪倩（2017）以半参数回归模型为基础，以中国技术市场为研究对象，发现投入的研发经费与人均国内生产总值中的技术市场成交额呈现为直接的线性相关，研发人员投入和专利授权率则呈显著的非线性关系。易明等（2017）使用数据降维方法建立了适合湖北省技术市场发展的指标体系，并研究了影响湖北省技术市场发展的因素。姜慧敏和崔颖（2018）以技术合同成交量为研究指标，对我国技术交易的发展和技术合同成交量的增加进行了综合分析，并对 30 个省份的技术交易状况进行了有针对性的分析。以此为基础，选择了技术交易迅速或相对先进的八个地区作为研究样本，并得出以下结论：技术政策，高新技术企业和大学院校的职称对技术类交易的影响较大。顾真溶和蒋伏心（2019）以效率评估为基础，以两步法研究了创新能力对区域技术市场交易效率的影响及其机理，结论表明，发明专利和区域科技人员投入的增加，以及区域创新能力的增强，都有利于提高中介技术交易的效率，而实用新型类型专利的提高对区域创新能力有不利效果。张文彬（2020）根据莫兰指数分析江苏省技术市场环境的空间相关性，并通过多元逐步回归分析完成其影响因素分析。结论表明，企业增加应当研发投入，调动专利申请的积极性，降低社会研发资金比例，且提高居民收入，降低恩格尔系数，加强治安，是改善技术市场环境的有力措施。孙博文等（2020）在长江经济带 1998~2016 年面板数据的基础上，并在 OECD 绿色发展战略框架下对绿色全要素生产率水平进行测量，研究认为人均工资水平、研发经费支出、市场整合以及资源配置效率等因素增强了对绿色全要素生产率的影响。

二、工业绿色转型的研究综述

鉴于工业绿色转型的关键在于工业"转型"和"绿色"发展，由此，本部分的文献述评分别从工业转型和绿色转型两个方面展开，具体内容表现在全球价值链视角和资源环境约束下的工业绿色转型研究。

（一）全球价值链视角下的工业绿色转型研究

格里夫和斯克莱尔（Gereffi and Sklair，1994）最早以波特的价值链理论为基础提出全球商品链概念，将全球商品链定义为商品的跨国生产系统，包括围绕商品的国际网络。随后，斯特金（Sturgeon，2001）等学者提出了全球价值链概念。全球价值链理论是在以产品内部分工作为特征的全球化生产背景下应运而生。第三次科技革命后，世界各国形成了产品的国际分工模式，逐步替代由部门分工的传统专业分工模式。产品国际分工的优势在于，各国可以充分发挥属地优势，从而形成规模经济效应以大幅度地减少生产成本，提高生产效率。而对于欠发达国家，全球价值链分工为国家提供了获取技术和连接市场的机会，通过技术外溢可以不断提升本国的技术能力。与全球商品链不同，全球价值链将更多地关注产品的价值由谁创造、怎样创造和分配的问题。全球价值链视角下的工业绿色转型研究主要集中于对外贸易、外商直接投资和对外直接投资领域。

1. 对外贸易对工业绿色转型的影响研究

全球价值链背景下的纵向专业化为国家的贸易经济提供了更多成长途径。通过对外贸易的不断发展，企业的国际竞争得到了显著提升，是工业转型的重要推动力。已有研究也纷纷证明了对外贸易在产业转型升级中的重要作用。如巫强和刘志彪（2007）认为，出口国之所以能够产业转型升级，是因为其企业在进入市场时，需要达到进口国要求的产品质量标准，因此工艺创新是出口国企业提高产品质量的方法之一，以达到保持低成本优势的目的。余淼杰（2010）使用了中国企业在1998~2002年的面板数据对对外贸易的生产效率提升效应进行检验，认为出口企业相比于非出口企业将获得更高的生产率。在分析对外贸易结构与产业结构相关性的基础上，基于结构效应和半对数模型，孙晓华和王昀（2013）就外贸结构与产业结构之间是否存在关联性展开研究，最终发现外贸可以对产业结构升级有积极影响。任志成和戴翔（2014）基于我国 2004～2012 年的工业层面数据，考察了贸易自由化对企业国际竞争力的作用。研究结果认为我国产业的出口竞争力提高将受到贸易自由化的重要影响。干杏娣和陈锐（2016）基于 2000～2013 年跨省面板数据，使用静态面板的 GLS 方法和动态面板系统的广义矩方，研究了进出口贸易在中国结构升级方面的作用。付德申和孔令乾（2016）使用省域数据作为样本，分析出贸易开放与产业结构更新之间互促互进和相辅相成。运用 2003～2014 年省级面板数据，蔡海亚和徐盈之（2017）采用中介效应检验方法进行研究，结果表明，贸易开放不仅加速了产业结构的整体优化，也促进了服务业和工业内部产业的转型。采用时变参数状态空间模型和中介效应，徐承红等（2017）采用了空间模型和中介效应模型，对"一带一路"合作伙伴的贸易往来现状进行研究，同时探究了产业结构优化受对外贸易的影响以及其作用机制，认为我国产业结构的优化受到与"一带一路"合作伙伴的对外贸易的正向作用。基于我国 1997～2016 年进出口贸易数据，赵振波和岳玮（2019）构建了一个 VAR 模型，得出以下结论：进出口贸易规模扩大，我国的产业结构就会随之得到优化升级，并且随着进出口贸易的不断发展，这种影响呈先升后降趋势。王让剑和刘立平（2020）利用我国 30 个省份 2005～2017 年的面板数据，同时就进口贸易在改善产业结构中的作用采用中介效应法进行分析，最终发现进口贸易直接和间接地影响着产业结构。除了直接影响外，人力资本积累，技术创新和物质资本积累的使用也可以间接影响产业结构的升级。

但观察不同的研究结果也会发现，有部分研究并不认同这样的观点，而是对对外贸易与产业转型升级之间的关联持保留态度。例如，唐东波（2013）通过加工贸易出口数据测算了我国出口贸易垂直专业化的指数，结果认为，尽管我国的出口产品规模和金额呈现了一定的增长，然而出口的产品附加值并未得到同步提升，对工业转型的作用意义并不大。鲁晓东（2014）通过将中国出口企业的确切特征与中国出口竞争力联系起来,发现中国的出口技术水平仍然很低,出口量的增加并没有显著提高技术含量。但陈晓华和刘慧(2015)认为,我国出口产品的技术复杂度并不能随着出口规模的提升而得到显著改善,技术复杂度与出口规模将呈现倒"U"型关系。卜伟等(2019)认为,在现阶段中国外贸商品结构与产业结构二者之间不能形成良性的互动和促进关系,造成了一定的脱节。服务贸易应该进行长远的规划,通过对商品贸易结构进行优化,起到促进产业转型升级的作用,但是,当前服务贸易结构在产业转型升级中发挥的作用尚不明显,因此必须大力发展服务贸易。

关于如何利用对外贸易促进产业转型升级,一些学者集中论述了对外贸易的作用机制和实现途径。陈晓华和刘慧(2015)认为,增加高新技术产品和新产品的出口量,不仅可以稳定出口,促进经济增长,也可以进一步优化产业结构;增加传统优势产品的出口规模,仅仅是中国经济应对外部需求疲软以及就业压力的临时性措施,从长远来看,可以通过出口倒退实现技术创新。

2. 外商直接投资(foreign direct investment,FDI)对工业绿色转型的影响研究

在全球生产一体化的背景下,跨国企业在全球范围内控制生产经营的主要投资方式就是外商直接投资。已有大量的实证研究着眼于探究外商直接投资对东道国产业转型升级的影响。例如,简森(Jensen,2002)以1989~1996年波兰制造业企业的统计数据为基础进行分析,分析结果显示:外商直接投资有助于提高出口产品的技术含量,进而推动出口产业的转型升级。基彭贝格(Kippenberg,2005)发现,捷克企业对外投资,在一定程度上加强了投资企业与工业企业之间的联系,促进了其产业结构的转型升级。根据上海1996~2006年的面板数据,黄志勇和许承明(2008)认为,外商直接投资的流入有利于第二、第三产业的发展,促进产业结构优化调整。文东伟(2009)等以中国的数据为分析对象,在宏观上,看到外资企业在中国资本密集以及技术密集型产业的生产活动中所占

的比重正在持续增加,通过回归分析,可以进一步证实外商直接投资在中国产业结构中起到的推进作用。研究了1985~2004年中国省际面板数据的聂爱云和陆长平(2012)发现,在中国产业结构调整中,外商直接投资起到的作用有三个方面:一是外商直接投资与第二产业的比例明显上升,外商直接投资的作用下降;二是外商直接投资的作用边际下降;三是外商直接投资作用于资源依赖区产业转型升级。杨海丽等(2019)对1994~2016年重庆市的进出口额、外商直接投资额以及三次产业总产值的数据进行研究后发现:外商直接投资对产业结构优化升级的作用显著,二者之间的关系长期保持良性互动。

鉴于具体行业的差异,殷德生(2012)认为,外商直接投资之所以对产业结构的转型升级具有正向推动作用,主要原因是外商直接投资增强了我国制造业对资本要素的相对需求。张公嵬等(2013)在将外商直接投资产业集聚和全要素生产率统一的框架下,通过计算中国28个产业全要素生产半衰期,实现了对外商直接投资与产业全要素生产率变化之间关系的分析,发现外商直接投资与产业集聚相互作用对不同类型产业全要素生产率长度的影响差异显著,技术溢出效应存在于其中。在推动中国经济发展的影响因素上,外商直接投资成为其中重要的力量。

一些学者持有与上述研究不同的观点,他们指出,在生产活动中跨国企业主要将利用东道国本地便利的资源以及其廉价劳动力作为其主要投资目的,有意对产品中的输出与核心技术进行限制,因此对于东道国,外商直接投资并未表现出技术溢出效应。郭熙保和文礼朋(2008)发现,后发国家可以通过实践来学习,以促进本国技术的发展,在技术发展的初期,主要依靠外国直接投资来推动技术进步,到后期,则需要鼓励国内企业提升自身的创新能力,提高技术水平。还有学者认为,在产业转型升级中外商直接投资会起到负面影响。邢夫敏(2013)发现,本地企业可能会因外国直接投资为主导的产业产生"挤出效应",产生本地产业难以得到提升的负面影响。

在此基础上,学者们对影响外商直接投资发挥作用的环境和条件因素进行了深入研究。通过分析我国 30 个省(区、市)1999～2009 年的面板数据,王静(2014)认为,阈值效应存在于外商直接投资对促进区域产业结构优化升级的作用中,在优化升级区域产业结构中,区域市场的竞争力越强,外资介入的作用就越显著。肖黎明和景睿(2015)根据 1992～2012 年山西省煤炭产业转型升级的数据,研究了外资流入与山西煤炭产业转型升级的关系,指出在开放条件下,帮助外国直接投资是推动技术进步发展的途径之一,最终可以促使产业得到转型升级。

3. 对外直接投资对工业绿色转型的影响研究

目前学术界对外商直接投资与技术进步问题的研究,虽得出了不同的结论,但普遍认为,外商直接投资可以影响东道国产业转型升级,主要途径是对东道国的技术水平产生影响。与此同时,最近几年,国内外学者逐渐着眼于探究全球价值链中,对外直接投资(对外直接投资)与国内产业结构升级之间的影响关系。

对外直接投资对母国的作用主要体现在:使技术获取成本减少、技术获取效率得到提高、产品更新速度更快。因为研发活动具有高投资、高风险和长期回收的特点,所以企业可以利用对外直接投资战略在发达国家研发和生产产品,了解和掌握先进技术的发展趋势,接触东道国企业的先进技术,从而节省成本。对比对外直接投资发展模式在美国与日本的差异,赵伟和江东(2010)认为,对外直接投资的产业转型升级效应在日本所起到的作用表现为引起结构调整的变化,而效率的提升则是美国对外直接投资产业转型升级效应的主要特征。萨利姆贾诺娃(2011)发现,中国对外直接投资的主要目标是了解和掌握先进的核心技术,获得原材料和能源资源,减少国际贸易壁垒,提高企业竞争力。利用中国 2002～2011 年在全球 842 项外商直接投资数据,王永钦(2014)发现获取资源和避税是实施对外直接投资的主要动力,而对地方政府效率、监管质量和故障控制的关注则是选址的首要考虑因素。

在一些现有文献中，一部分学者持有对外直接投资对本国产业转型升级能够起到促进作用的观点。赫贾齐和保利（2003）对加拿大的工业数据展开研究，其结果显示，对外直接投资的增长高于外国直接投资的增长，并且更有能力推动该国的工业的成长以及经济的增长。刘宏和张蕾（2012）以中国1987~2009年的数据为基础，使用Var模型，对全要素生产率与对外直接投资的关系展开探究。研究结果表明，中国对外直接投资不仅仅推动了全要素生产率的提高，同时也带动了技术水平的上升。而陈菲琼和傅秀美（2010）则对地区内部学习网络进行了模拟仿真研究，结果显示，当主体具有良好学习吸收转化能力时，对外直接投资就可以将接触外部高位势知识源成为现实，展开深度学习，可以极大程度地提高知识水平，获取后发优势。赵伟和江东（2010）通过研究本国产业效应中对外直接投资的作用机理，发现一些典型地区的产业转型升级与区域对外直接投资规模呈显著正相关。章志华和唐礼智（2019）结合我国2003~2015年外商直接投资的产业发展状况和省际面板数据，研究了母国对外直接投资与国家产业结构更新之间的因果关系，使用动态空间测量方法来检验扩散效果和促进效应。

另一部分学者指出，对比国外的同类产业，中国的对外直接投资是后起之秀，因此对外直接投资对产业转型升级能起到的促进作用是有限的。以1985~2006年中国对14个国家和地区的外商直接投资数据为例，白洁（2009）首先估算了来自这一渠道的外国研发资本存量，实现这种估算的是LP模型，然后根据国际R&D溢出法对反向技术溢出与TFP两者之间存在的关系进行了实证分析。结果表明，全要素生产率的提高与对外直接投资带来的反向技术溢出影响无关，而海外投资业主要集中于技术密集度低的行业是造成这一问题的主要因素。基于1985~2008年主要国家和地区的对外直接投资数据，仇怡和吴建军（2012）发现，技术进步中，对外直接投资的技术吸收能力起到的作用有限，中国在研发方面投资相对较少是造成这一问题的主要原因,研发人员在总人口中占比较低,从而导致消化国外技术的能力下降。

此外,外商直接投资的产业转型升级效果还受到了东道国和母国的研究以及发展特征的影响。波特里和利希滕贝格(Potterie and Lichtenberg,2001)运用了来自 11 个国家和地区的面板数据测试了外商直接投资与全要素生产增长之间的关系,并使用改进的国际研发外溢方法。研究发现,随着投资对外直接投资国家的研发密集度提高,其全要素生产率也会随之提高,二者之间呈正相关;德里菲尔德和詹姆斯(Driffield and James,2003)以英国制造业 1984~1992 年的面板数据为基础展开研究,研究发现其可以对外国跨国企业产生技术溢出,只是这种效应仅存在于研发密集度较高的制造业,而工业集聚度也会影响技术溢出效应。根据 1991~2006 年中国省级数据,汇斌等(2010)发现对外直接投资具有显著的反向溢出效应,同时,外商直接投资也在推动中国自主创新能力的提高方面有很好的表现,因此,要不断提高中国的技术吸收能力和自主研发能力,对外直接投资才能在中国得到普遍应用。

(二)资源环境约束下的工业绿色转型研究

1. 节能减排对经济增长的影响

在全球一体化进程加速的今天,各国经济高速增长,对外贸易规模迅速扩大,但是一些国家却面临着严重的环境污染和能源短缺。以往粗放型的经济增长方式已经不再能满足当前实施可持续发展战略的需要。在发展经济的同时,加快经济增长方式的转变,节约资源与保护环境已成为世界所有国家发展的重中之重。

一些研究人员分析了当前节能减排发展的问题和原因。利用中国 13 个行业的面板数据,张为付等(2011)将环境污染的影响因素分解为三个方面:技术效应、规模效应以及结构效应,得出环境结构变化受到劳动力转移和资本积累的影响。这项研究最终告诉了我们,资本投资的增加使得中国碳排放量持续增长。通过研究我国产业结构调整在二氧化硫排放量上的影响，肖挺和刘华（2014）认为，产业结构均衡化可以有效限制工业硫排放，而节能减排在产业结构优化上也表现出了其重要性。何小钢和王自力（2015）基于超越对数成本函数与卡尔曼滤波（Kalman Filter）的测算模型，计算了能源偏好技术进步情况在中国 33 个行业中的分布，分析了行业能源偏好技术动态演变的特点及其影响因素。结果发现，整个行业的技术进步总体上都向节能降耗方向倾斜，节能降耗特征明显。

  关于节能减排与经济增长之间存在的关系，门萨和沃尔德鲁法克（Menyah an Wolde-Rufacl，2010）对南非数据进行了格兰杰因果关系检验，检验结果表明：影响经济产出水平的两个因素分别是能源和污染排放。刘瑞翔和安同良（2012）探讨了在资源环境约束的背景下，1995~2010 年，中国经济的长期影响因素和发展趋向表明，中国经济增长表现下降的主要原因来自污染排放、能源消耗，以及相对缓慢的效率提升。王玲等（2013）考虑到污染排放和能源消耗，运用序列 DEA 法测量和分解了中国制造业的 28 个产业在 2001~2010 年的全要素生产率，研究发现，产业污染排放直接受到中国制造业能源结构的影响，因此可以认为，在能耗和排放方面存在"双重高成本"。李廉水等（2015）对"新型"制造业的含义进行了描述，其中主要包含：技术创新能力、社会服务能力、经济创新能力、节能降耗能力以及环境保护能力五个方面。此外，李廉水等（2015）还创建了评估指标体系的新排名，2003~2012 年的综合能力排名从弱到强分别是西部，东北，中部和东部地区，东部地区是最高的。王仲瑀（2017）使用格兰杰因果检验模型以及脱钩模型，选取了 1995~2014 年京津冀地区的碳排放，能源消耗与经济增长的数据，实证分析探究他们之间的相互关系，结果表明：节能减排政策的施行不会造成京津冀地区经济的下滑。根据来自 245 个地级市 2005~2012 年的面板数据，毕睿罡等（2018）的实证研究发现，环境压力对地方经济的负面影响随时间而增加。李鹏雁和刘淼（2020）运用基于能源要素三要素的生产函数，对误差修正模型进行了构建，并以吉林省 1990~2017 年能源消费总量与 GDP 的协整检验为例，进行了格兰杰因果检验。检验结果显示：吉林省能源消费与经济增长间双向格兰杰因果关系作用显著，同时能源消费与经济增长之间存在正相关关系，与实践的长短无关。

2. 环境规制对工业绿色转型的影响

波特（Porter，1991）指出，短时间内，环境保护政策的严格会造成企业成本的增加，而长期来看，适当的环境保护法规可以有效地鼓励企业开展相关的技术创新活动，对生产技术和设备进行升级优化，提高它们的效率，从而使污染排放降低。关于"波特假说"，国内已有很多学者在环境法规与技术创新之间是否存在推动作用的问题上进行了实证研究。国际上有些研究支持波特假设。举例来说，阿姆贝克和巴拉（2002）利用博弈论分析了企业研发支出与预期利润的关系，在有无环境法规的情况下，分析了企业研发支出对预期利润的影响差异，得出的结论是，企业的预期利润和研发产出确实因实施环境法规而有所提升。雅巴尔等（Yabar et al.，2013）运用案例分析了环境政策、法律法规对企业技术创新的作用，并发现环境法规可以通过影响技术创新的方向而促进技术创新。阿姆贝克等（Ambec et al.，2013）指出，适当的环境法规有助于增强竞争优势。达龙等（Daron，2012）着眼于环境法规对定向技术上的影响进行研究，结果表明，低排放机器技术的显著提升离不开动态的环境法规政策的实施。杨等（2012）发现，企业对研发的投入会随着环保法规强度的增加而提高，因此环保法规进一步提高了企业生产技术水平。赵和孙（Zhao and Sun，2016）将中国污染密集型企业 2007~2012 年的数据作为基础，结论发现：总体而言，环境法规能够有效地促进企业创新，从区域角度看，"弱波特假设"存在于东部，而不存在于西部。但是，也有学者持有不同的观点，他们认为环境法律法规保护力度的加强会在一定程度上阻碍生产技术的发展与进步。根据新古典环境经济学观点，环境法规纠正市场失灵的方法则是通过吸收各污染企业的外部成本。随着环境保护管理力度的加大,企业需要投入更多的资源和能源来减少污染。如果企业的技术和资源不变,则生产和经营成本将增加,企业对技术研究与开发的投入将被挤占,从而阻碍生产技术的进步。一些学者认为,由于产业差异和企业异质性等原因,环境法规并未显著推动生产技术的进步,这方面的研究包括:切萨隆和阿木坭(Cesaron and Arduini, 2001)对欧洲化学工业的研究表明,环境法规的强度对生产技术的进步没有明显影响。拉诺伊等(Lanoie, 2011)以 7 个 OECD 国家的 4 200 家企业的数据作为基础,对"波特假设"理论的三种形式进行检验,其结果明显支持"弱波特假设"。

近年来,学者们开始研究环境规制在工业升级和经济发展方式转变中的作用。以中国 36 个工业部门在 2001~2010 年的投入产出数据为基础,李斌等(2013)通过计算绿色全要素生产率在工业总产值增长中影响因素的占比来衡量中国工业的发展是否发生了变化,发现当环境管理水平薄弱时,此影响并不显著;在环境管理水平较高且达到某个临界值时,这种影响会随着强度的增加而增加;而在管理水平超过某个临界值时,影响作用将会减少。韩晶等(2014)基于工业技术复杂性的双差模型进行研究发现,以东部地区为典型代表,表现出适当的环境规制强度对工业升级具有促进作用。此外,相对行政手段而言,市场化的监管手段更能促进工业升级。

利用系统 GMM 法,对卫平和余奕杉(2017)对制造业结构升级与环境规制的关系进行了实证分析。结论表明:在全国范围内,严格的官方环保法规和公众环保意识的增强都有利于提高制造业的产业结构层次。周荣蓉(2017)基于安徽省 16 个地级市 2005~2015 年的面板数据,通过测算地级市往年环境规制强度指数,发现环境规制对产业结构的优化升级存在积极影响,只是存在一定的滞后性。李晓英(2018)实证验证了环境规制以及外商直接投资对我国产业结构优化的作用效果,研究所采用的是空间计量模型,其结果显示，二者对我国的产业结构优化都具有明显的正向促进作用，同时倒逼效应还存在于环境规制的调整之中，并且都对外商直接投资的促进起着正向的引导作用。吴敏洁等（2019）以中国制造业 2005～2017 年的面板数据为例，得出了环境规制不利于中国制造业产业结构升级的结论。宋林等（2020）指出，环境规制通过鼓励产业内和跨产业资源的重新配置，对产业集团起到了"强迫精洗"的作用，是我国工业转型中的强大支柱。张钟民（2021）通过对回归模型的分析，验证了政府环境规制在河北地区产业转型中的重要作用，并证明其对企业发展能力的提升具有积极作用。杨林和温馨（2021）就海洋产业结构升级中海洋环境规制的异质性作用与规制手段的互动进行了探讨。研究发现，指令性海洋环境管理对我国海洋产业结构升级具有先抑后扬的"U"型非线性影响，而市场激励下的海洋环境管理具有单一阈值效应。基于 2007～2017 年中国省级面板数据，宋雯彦和韩卫辉（2021）分别运用动态面板模型和固定效应模型，研究异质环境规制对对外直接投资促进产业结构升级的调节作用，同时展开了实证分析，认为对外直接投资正式和非正式环境规制的强度过大，将削弱对外直接投资促进产业结构升级的效应。罗知和齐博成（2021）以长江流域 85 个城市为例，认为"十一五"时期水污染治理政策是外部冲击，区域产业结构的升级与严格的环保法规有关，在社会总产值中，第三产业的产值或所占比重大幅提升，对信贷的需求随之增加，使银行业的发展得到进一步提升。毛霞滢和郑凌燕（2021）为了分析沿海地区产业结构在财政分权背景下受环境控制影响的程度，利用 GMM 有效矩估计方法，建立了 1996～2018 年中国 11 个沿海省份的面板数据模型。他们的发现表明，环境法律规制有效推进了沿海地区产业结构的升级。

3. 财政科技支持对工业绿色转型的影响

从经济角度看，财政支持通过改变现有资源的配置结构，达到有利于实现特定目标的目的。但具体群体利益的改善和资源配置水平的提高取决于政府投入方式的变化，不同的政府投入方式会产生不同的效果。

有学者认为，生产性补贴来解决研发投入市场失灵的问题，即通过鼓励本国企业出口以提高国际竞争力，可以实现规模经济以优化资源配置。如孙海波等（2016）建立了产业结构变迁模型，数理推导出研发补贴、政府税收与产业结构变迁的耦合的过程，发现降低政府税收不仅可以实现产业结构的快速发展，也提升了经济增长速度。韩刚和谢云飞（2019）选取了我国 31 个省份 2005～2016 年的面板数据作为研究对象，得出在产业转型升级中政府补贴起到了促进作用，但同时不同区域之间差异依然存在，且其效果比东部、中部和东北地区更为突出。袁航和朱承亮（2020）基于地区差异、企业性质与规模的异质性检验，以 2005～2015 年省级面板数据为基础，分析了政府研发补贴在产业结构转型升级发挥的作用。结果表明，政府研发补贴对提高中国企业研发创新能力、促进产业结构转型升级有显著作用，且其作用具有明显的区域差异性，在东部地区，产业结构促进的方向是合理化，在中西部地区则是高度化。另外，大型企业获得的研究与开发补贴对产业结构有显著的优化作用，中型企业获得的研究与开发补贴对产业结构有合理化作用，产业结构转型升级中，对其起到促进作用的还有内资企业获得的研究与开发补贴，外商投资企业和港澳台商投资企业则没有。参考 2007～2015 年中国省级面板数据，郭然和原毅军（2020）分析了环境规制和政府研发补贴对产业结构升级的耦合效应。研究结果表示，环境规制与政府研发补贴政策的耦合效应对产业结构升级起到了促进作用。也有学者持相反的观点，认为财政科技投入对产业转型升级的作用并不像前述那么乐观。张杰（2016）认为，在现阶段，由于对中国模式下政府与市场的界限认识不足，以及微观经济受到政府的过度干预，使得产业结构转型升级在中国举步维艰。王昀和孙晓华（2017）用联立方程模型理论检验了政府补贴对产业转型升级的影响，从微观角度分析了政府补贴对产业转型升级的促进作用机理,并提出了一种广义倾向分数匹配方法。结果表明,虽然企业的研发投入在政府补贴的扶持下得到提高,但总体上我国创新投入水平占比仍然较低,与预期的促进转型升级效果存在差异。彭桥等(2020)将古诺模型作为分析框架,建立双头寡头企业的两阶段动态博弈模型作为基础,研究政府补贴对产业结构发展所产生的影响,发现当补贴相对薄弱时,对发展有一定的边际效应。

三、技术市场发展对工业绿色转型的影响研究

目前尚未找到技术市场发展对工业绿色转型影响的直接研究,而鉴于技术市场发展对工业绿色转型的作用可以体现在加速技术创新,实现经济的高质量、可持续发展等方面。为此,本部分将梳理技术市场发展与技术创新、产业结构和经济绿色增长等方面的相关文献,为本书的进一步研究提供参考。

在技术创新和技术市场发展领域的研究,大多显示技术市场和自主创新之间存在因果关系。例如,徐忠明(2010)以外部技术资源多元化发展作为背景前提,选取汽车技术市场发展的典型案例进行探究,指出企业可以结合从技术市场上获取的技术与企业自主研发的技术,从而获得进一步的自主技术创新。孙和杜(Sun and Du,2010)在对中国境内企业样本进行分析后指出,中国企业的技术主要来自于技术引进,这在很大程度上影响了企业的创新绩效。郝艳芳(2011)探究了山西省技术市场与区域创新之间的关系,认为相互作用存在于技术转让与区域创新之间。卢华玲等(2012)认为,技术交易以及创新投入可以影响创新能力,科技绩效的成功引进以及高科技的产业化的成功发展需要以活跃的技术交易市场为前提。沈映春和吴文静(2013)借用信号博弈模型,对产学合作背景下技术交易行为的特点展开研究。他们认为,大学与企业之间的技术贸易对于促进大学科学的转型非常重要。技术绩效和企业技术创新也更有利于增强企业的知识创新能力。刘凤朝等

（2015）将技术交易网络的节点变量引入知识生产函数，同时采用沉浸模型分析技术交易网络与知识吸收能力和区域创新能力的关系。结果显示，嵌入区域间技术交易的网络可以改善区域创新能力。张汝飞（2016）认为，技术市场可以促进自主创新能力的发展。在需求方面，技术市场的发展可以加快科技成果的交易以及转化、降低交易成本以及减少了信息不对称等问题，提高了对技术创新的热情。科和赫尔普曼（Coe and Helpman，1995）、奥德斯和费尔德曼（Audretsch and Feldman，2003）认为，如果技术市场迅速发展，则联合研发的机会将更多，知识在一定程度上会溢出，并且技术人才的流动会更方便。根据技术市场的发展，使得以上知识或技术的连锁反应进一步提高自主创新的能力。一旦缺少技术创新的支持，中国的产业结构就可能无法发展进步。周叔莲和王伟光（2001）认为，通过影响生产要素分配的效率和投入产出状况，可以直接或间接地取得技术进步。

现有文献广泛研究了技术市场发展对产业结构的影响。例如，卢东和朱立红（2006）认为，技术市场的发展推动了中国科学技术成果的产业化，科学技术资源的流动，确保了市场平台和高发展的机制保障。对技术和经济结构的融合与发展具有重大影响，促进区域产业结构优化升级，即从第一产业向第二产业、第三产业的逐渐过渡。从质量上看，技术市场的发展促进了区域产业结构的优化升级，区域创新能力的提高和劳动生产率的提高。刘和东（2006）、韩永辉等（2017）认为，技术市场的发展直接促进了技术创新。技术市场的发展架起了知识与创新之间的桥梁，有效地传递了技术，产品和其他信息，减少了信息不对称，实现了供需之间的联系，在同一时间不仅调整了产业结构，同时也提升了劳动生产率，把当地的产业结构提升到一个新的高度。韩永辉等（2017）反映了产业结构进步的理论意义的两个主要方面，即劳动生产率的提高和产业比例关系的变化。袁航和朱承亮（2018）认为，技术市场发展对产业结构发展在数量和质量上的影响，即从总体上促进产业结构的顺序演化，发展产业结构。技术市场发展对产业结构转型和发展的影响，也对产业结构合理化产生了影响。以合理调整产业结构作为基础，对产业结构的协调度进行度量，以确定产业结构的优缺点。产业结构的合理性越高，生产要素的分配越合理，各种产业的联合发展就越有可能。技术市场是生产市场要素的重要组成部分，它对创新资源的分配有很大的影响。戴魁早和刘友金（2016）认为一定程度的扭曲存在于中国要素市场中，在一定程度上阻碍了产业间的联系和创新要素的流动。叶祥松和刘敬（2018）认为，在当地技术市场相对欠发达时，缺乏市场机制会导致普遍的生产资源分配不当现象。

在可持续经济增长的背景下，基于能源与自然环境的绿色增长和绿色生产力的研究是国内外工业转型和发展研究的热点之一。相对于发展中国家的工业绿色转型问题，基于可持续发展的绿色增长问题更早被国外学者提出。琼斯和约（Jones and Yoo，2011）分析了韩国的绿色增长战略，发现韩国的温室气体排放量每年都在增加，并且韩国的排放量增长率在经合组织国家中是最高的。因此，决定进行整体控制排放量以及实施排放交易计划等一系列措施来推动减排，同时辅之以碳排放税。哈雷盖特等（Hallegatte et al.，2012）指出，从增长过渡到绿色增长意味着在增长过程中更有效地利用资源，同时要有必要的政策工具、具体影响和效果，以确保经济增长率不下降。根据乾尼克（Janicke，2012）的观点，绿色增长需要绿色工业的快速发展，而其他工业需要更长的持续时间，而且环境问题并没有因为零经济增长而得到解决，因此降低经济增长并非解决环境问题的良策。绿色投资可以增加国内生产总值，即使增长率较低，发达国家依然可以实现生态化的创新。洛雷克和斯普根贝格（Lorek and Spangenberg，2014）认为，绿色经济发展目标已经在欧盟、经合组织以及其他国家和地区的制定完成，依照可持续增长的目标，人们当前的生产以及生活方式必须发生改变，同时绿色增长也必须符合当地的生态现状。并且由于可持续经济发展与追求经济增长的目标本身并不一致,因此,政府的主导作用更为明显,在促进工业企业和组织绿色生产活动方面的协调作用也更为重要。

当前国外对绿色增长作用机理的研究较多,近几年,国内学者也陆续开始探究绿色增长的问题。张江雪和朱磊(2012)以四阶段的 DEA 模型为基础,对以绿色增长为起点的中国工业企业的技术创新效率进行计算。孙瑾等(2014)认为中国的一部分绿色增长得益于第三产业的发展,东部地区是这种作用的显著受益者。在计算中国 33 个行业的能源偏好时,何小钢和王自力(2015)认为推动中国经济向绿色增长转变的手段之一是技术进步,因此为了帮助推动企业绿色技术创新,提出了宏观环境问题和相应的产业政策。于惊涛和王珊珊(2016)通过构建衡量六国绿色增长水平的绿色增长指标,提出了三种增长模式:绝对绿色、相对绿色和非绿色,其结论是,城市化水平、创新投入等显著地加速了对绿色增长的贡献,而环境税和能源消耗则显著地抑制了这种贡献。

四、文献述评

综上所述,国内外学者对技术市场发展和工业转型进行了广泛的研究。在关于技术市场发展的创造和发展的研究中,学者们证明了技术作为商品的客观必要性,建立了符合我国国情的技术市场的基本框架,总结了我国的商事惯例。从技术市场,市场制度创新,政策法规,市场功能缺陷以及市场失灵等多个角度出发,指出了现今技术市场发展存在的问题,并提出相应的对策建议。此外,技术市场的研究是从不同区域和类型(例如经济区,省和地区等)的角度进行的,重点是技术市场发展对技术创新和经济增长的影响。学者们描述了对技术市场发展的影响因素的研究,这些研究对技术市场发展的积极影响包括研发资金,人均 GDP,技术政策以及高技术产业,高等院校的职称导向及创新能力等。在工业绿色转型研究中，学者主要从全球价值链和资源与环境约束下的产业转型与升级的角度进行研究。主要研究了对外贸易、外商直接投资和对外直接投资分别对工业绿色转型的影响和节能减排、环境规制、财政科技支持对经济增长和产业转型升级的影响。在工业绿色转型不同层面的研究上，学者们也从技术市场发展角度上研究了对产业结构高级化、产业结构合理化和绿色生产率等方面的影响。

以上文献为本书的研究奠定了一定的理论基础，但仍然存在以下不足。

第一，当前文献对技术市场发展与工业绿色转型展开了丰富的研究，也有文献提出了工业绿色转型的路径，但当前研究对工业绿色转型的界定不清晰，研究的内容缺乏足够的理论支撑，具体的研究方法也未形成统一的理论框架以及思路。目前的文献大都从全球价值链的角度讨论工业转型和升级问题，但很少结合了资源和环境约束方面来研究工业转型问题。将工业附加值水平的提高、能耗减少和污染物排放下降相统一来作为工业绿色转型的体现具有理论意义和现实意义，因此将这三项指标纳入工业绿色转型的内涵中，以此作为研究内容，在当今国家经济方式快速转变的时代背景下十分必要。

第二，大部分文献研究了技术市场发展对产业结构升级和经济绿色增长的关系，但就从工业层面展开研究的并不多。工业在国民经济中占据领先位置，与第一产业、第三产业相比具有其特殊性和普遍性，是我国实现工业化和现代化的关键，同时也集中体现了国家的综合实力以及国际竞争力。重点关注对工业行业的影响，并且深入了解技术市场发展对技术创新的影响机理，可以为我国针对性地推动工业绿色转型提供理论基础。

第三，在现有文献中研究技术市场发展对工业转型和技术进步的影响时，很少进行阶段性或区域性异质性测试。不同时期的技术市场政策与制度环境均存在差异，因此，技术市场发展与工业绿色转型的关系将受到时间和地区的动态调整。因此，在讨论技术市场发展与工业绿色转型问题中，对地区异质性和时期异质性分析具有必要性，为地区因地制宜制定技术市场发展和工业绿色转型政策提供较好的经验证据。

基于以上考虑，本书重点考察技术市场对工业这一重点产业转型升级的影响及机制，以技术市场发展与工业绿色转型之间的关系为主线，厘清技术进步和技术效率提升在"技术市场发展—工业绿色转型"的影响路径中发挥的中介传导作用，并通过进一步地对影响的地区差异、时期差异、行业差异等角度进行展开分析，使得实证结果更加充分翔实。本书的研究不仅打开了技术市场发展的研究视角，也开拓了工业绿色转型的研究领域，弥补了现有文献在理论分析和实证分析上的不足。

第三节 重要概念的内涵界定

一、技术市场发展的相关内涵

（一）技术与技术商品

技术指的是用来处理问题的原则和解决办法。技术通过对现有事物的重新塑造和更替，从而造就新事物的能力和方式。技术必须具有清晰的领域、形式和载体。例如：原材料（输入品），成品（输出品），改造过程，测算指标，改造工具、设备和设施，执行标准，规格和指标等。技术与科学和艺术不同，技术强调了实用性和功能性，而科学强调了研究，艺术则强调了表达。

世界知识产权组织编写的《技术贸易手册》包含对技术产品的狭义定义，指与商业活动和社会生产实践有关的技术。这些技术可以在消费和使用中产生经济优势，并且可以被使用，这意味着技术产品是具有实用价值和交换价值的技术成果。在生产中使用时，它们为用户创造了经济优势。基于世界知识产权组织的观点，本书对技术产品的定义如下：技术产品是具有交换或产业化使用价值和交换价值的技术产品。通过交流，这种技术成就实现了从工作产品到技术产品的转变，并且可以在生产和业务活动中为双方技术带来经济利益。作为商品，技术在生产，交换和消费方面具有特性，技术商品交易的过程以及技术合同的签订需要与普通物质商品交易完全区分开。技术产品一般具有以下特征。

第一，技术产品具有形态多样性和复杂性。与普通商品的唯一物化形式相比，技术产品具备以下四种基本形式：第一种形式是信息形式，指以信息形式出现的技术，例如未公升的实验数据、观测记录、资源调查报告、技术规范和施工图等。第二种形式是物化形态，即尚未在文献中发表并且尚未在社会上广泛使用的新设备，新化学试剂、新产品和新的动植物物种。第三种形式是操作形态，表示创新型的操作规范和生产流程也将作为技术商品进行交易。第四种形式是产权属性，指在不影响第三方权利的前提下，通过协商转让基于技术和资本的技术专利权，工业产权和商标权。这是技术商品交换的一种流行形式。

第二，技术产品销售的可重复性。投资技术开发是独一无二的。技术成功开发后，所有者可以重复转让它，而不会产生新的开发成本。

第三，技术产品的所有权垄断。技术产品通常仅由一方拥有，技术所有者通过法定专利或机密措施获得垄断。

第四，技术产品的价值具有时效性。随着市场竞争的日趋激烈和市场需求的不断变化，现代科学技术的传播和应用速度越来越快。如果在保护期内未及时转让技术或未及时发布专利技术，则该技术将成为公共技术并失去其市场价值。获得技术后，技术购买者无法及时使用或对技术进行技术开发，可能会错过市场机会。

第五，产品开发和技术维护的风险。技术转让和使用中一旦发生技术泄露，则将直接导致技术价值跌落。尽管技术进步的专利申请都明确了技术的机密性，但一旦发生技术秘密的泄露，并且无法在第一时间进行技术的保护，那么极有可能给技术拥有者带来无法挽回的巨额损失。这是由于技术价格的决定取决于技术的附加值率和不可替代性。泄露的技术秘密将通过现代科技快速复制，使得技术的创始者和拥有者无法获取技术创新所支付的巨大成本，导致资金的严重亏损。

第六，技术产品价值具有间接性。买方接受该技术后，必须对其进行消化和吸收。还必须将其集成到某些工作材料和工作对象中，才可以通过技术实现过程来表达其使用价值。技术效用还受到买方技术消化率和使用条款的限制。技术的使用是知识实现的过程，其有效性只有在技术实施后才能得到证明。

第七，技术产品使用价值的共享性。使用实物的价值通常是所有者专有的。当一个人分享一个实物的使用价值时，尽管商品的总使用价值保持不变，但每个共享者获得的使用价值都将占据使用价值的一小部分。

第八，技术产品具有公共产品的属性。作为一种无形资产，一个消费者对一项资产的消费不会影响另一消费者的消费。从这个角度来看，技术是一种公共物品。

第九，技术产品定价的复杂性。技术产品通常以非物质形式存在，例如专利、信息和技术知识，并且可以以非常低的成本在相关人员之间复制和分发。

（二）技术市场的内涵与特点

技术市场是提供技术经纪服务和技术产品业务活动的平台场所。它旨在将科学技术成果转化为实际生产力，主要进行技术开发、技术咨询、技术转让和技术服务，科学研究试点产品以及新科学技术产品的生产或分销。技术范围涵盖所有技术学科，包括组织和开展技术成果的推广和应用。狭窄的概念技术市场是将技术性能与商品交换的地方。广义的概念是技术性能的循环领域，是技术性能交换关系的总和。技术市场中的交换关系主要是技术制造商，运营商和消费者之间的关系。技术市场将构建技术与经济的桥梁，通过不断加速技术与经济的融合，增强自我发展创新技术能力，推动创新技术社会传播和激发企业活力等方面起到关键作用。

技术市场作为市场体系的重要组成部分，可以将科学技术成果转变为实际生产力，实现科学、技术和经济的良性互动，促进技术要素的合理流动，优化科技人才的合理配置。技术商品通常以知识的形态进行市场交易，例如软件形式的程序、公式和设计图等，或者以咨询和培训的形式，以及战略思想、预测分析，建议意见等。主要的特点有：第一，技术产品是知识产品，以图纸、数据、技术数据、技术过程、操作技能和公式的形式出现；第二，技术产品贸易的实质是许可证的转让；第三，技术产品的转让通常以特殊形式通过转让，咨询，交换，识别进行，并且直到买方掌握了技能，交易过程才完成；第四，技术商品的价格难以确定，往往通过买卖双方共同协定。

（三）技术市场的主要经营方式以及范围

技术市场的主要业务方式和范围包含技术开发、技术转让、技术咨询和技术服务。

技术开发是一种生产和实验过程，在该过程中，新的科学研究成果被应用于新产品，新材料和新过程。它具有强大的实验功能，具有时间短，风险低，成本高的特点。可以按照发展领域和发展方向，将技术开发分为国产技术开发和国外技术引进，以及开发生产、产品开发、工艺开发等。

技术转让是指将某些技术（包括在发明状态下和成熟的技术）从实践的起源或领域转移到另一个国家或领域的过程。根据传播方向，通常可以将其分为地理空间中的双向传播和不同区域中的单向传播。根据转账方式的不同，可以分为有偿转账和免费转账。根据转移的领域，可以分为国际转移和国内转移。技术转让是人类社会实践的重要活动。在 16 世纪之前，由于交通状况不佳，技术转让非常缓慢。技术交易的数量较少，并且完成交易的周期较长。在 17 世纪和 19 世纪下半叶，随着大型机械工业的到来，技术转让的数量和速度显著增加。

技术咨询通常指的是顾问根据客户对特定技术主题的要求，利用自身的信息优势为客户提供技术选择建议和解决方案。该技术顾问将提供有关特定技术项目的咨询报告，例如验证，经济和技术预测，特别调查，分析和评估。

技术服务指的是拥有技术能力的一方为另一方解决各项技术困难的服务。包括测量设计、计算分析、安装调试和技术测试诊断等。

（四）技术市场的供需主体

技术市场主体可以分为供应主体、需求主体和其他主体。

技术市场的供应主体是指提供科学技术成果的供应商，通常选择"以市场为导向"的主体，会选择国民经济发展中存在的技术问题进行研究，从而提供科学的供应和技术，并通过从技术市场收回成本来响应技术市场的需求和利润。

技术的需求主体主要是需要将技术产品投入生产活动中，从而实现更高效益的单位组织及个体，较具代表性的为企业。在技术市场中，企业追求利益最大化原则，将根据生产要素的投入产出比例，提出对技术产品水平和层次的需求。

其他主体主要有技术市场的管理机构和中介组织。

二、工业绿色转型的特征与内涵

（一）工业绿色转型的概念界定

工业绿色转型的概念最早起源于"绿色经济"，由英国环境经济学家皮尔斯（1989）的《绿色经济蓝皮书》首次提出"绿色经济"，并逐步发展出"绿色转型"（OECD，2005）。"绿色转型"基本强调了经济、资源和环境的协调发展。特别是，随着近年来全球气候的严重恶化，以及环境问题的持续突出，绿色转型、绿色经济等相关问题得到了学术界的高度重视。许多学者纷纷就"绿色转型"展开深度调研，并就其相关内涵提出个人见解。尽管就目前来看，学者们对绿色转型的概念并未达成统一的标准，但大多围绕在改变传统的资源密集型生产模式，使其向"高附加值、高能源效率和低污染排放"发展的角度展开。如黄海峰（2009）认为绿色转型是充分协调生产模式和消费模式的集约化，将经济增长模式从高能耗的生产模式中脱钩，从而实现工业的生态文明。工业经济研究所课题组（2011）对工业绿色转型的定义则是工业向能源资源消耗减少、污染物排放下降、劳动生产率提升和可持续发展能力提高的动态过程。卢强等（2013）主张工业绿色转型主要具备了较高的科技含量、较好的经济效益、较低的资源消费、较少的污染排放物和高效的人力资本五项特征。彭星和李斌（2015）将工业绿色转型的内涵定义为工业增长模式由粗放向集约转变、能耗污染从高碳污染到节能减排的过程。吴传清和黄成（2021）认为工业绿色转型通过绿色技术水平的提升途径实现。在宏观的表现为经济由不可持续发展向可持续发展转变。而从微观上表现出能源效率提升、污染物排放减少和产品绿色化三个层面。

（二）工业绿色转型的内涵深化

工业绿色转型主要体现的是"转型"和"绿色"。从"转型"的角度来讲，工业绿色转型是工业转型升级的重要组成部分。在宏观层面上，随着经济发展的不断深化，不同阶段的工业模式，将呈现不同的表现形式，从而形成不同的内部结构。由此看来，工业绿色转型一定程度上也体现在工业结构的优化过程中。微观层面上看，工业转型侧重于行业内部的生产替代。具体来说，主要是由高端要素替代低级要素，产品质量和水平的跨越等。主要通过市场导向，不断通过技术进步实现产品附加价值的提高，实现生产要素迭代更替。由此，在产品的变动视角，工业产品在市场中的价值得到快速提升的基础在于产品附加值的提高。产品的技术优势越明显，其在价值链中将越处于高位。在要素的变动视角，基于市场需求的劳动生产率、资金利用率也反映了工业转型的水平。从"绿色"的角度分析，"绿色"即为生态文明建设主导下的经济可持续发展。主要体现在两个方面：资源与环境。在生产生活中，自然资源为日常运作提供了必要的要素投入，也消化着由生产带来的恶劣污染。"绿色"的意义在于转变资源密集型生产模式，既充分利用已有的资源，也改善工业污染大量排放的现状，实现经济的高质量发展。

由此，结合工业绿色转型的"转型"和"绿色"两大特征，本书将工业绿色转型的内涵定义为工业经济向价值提升型、能耗节约型和环境友好型提升的过程（见图1-1）。其中，"绿色"是前提，将改变"高污染、高能耗和高污染"和"低效益、低质量和低增长"的生产模式，实现经济增长与环境资源的良性互动。而"转型"则意味着通过生产要素的优化配置，实现工业产品附加值和生产效率的提升。

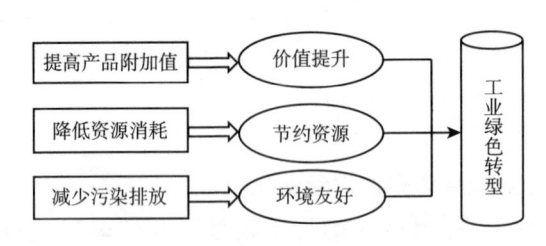

图1-1 工业绿色转型的内涵深化

资料来源：笔者整理。

（三）工业绿色转型的实现机理

由上面的分析可知，我国工业绿色转型过程中存在的突出问题即产品附加值低、资源消耗过大和污染物排放持续增加。而工业作为我国国民经济的主要构成，实现工业经济的可持续发展是国家重要的发展战略。那么，如何可以实现工业绿色转型？其内在的实现机制又是如何？为了回答这两个问题，在此将采用拓展后的索洛模型进行全面的分析，以期发掘实现工业绿色转型的可能途径。

本书参考胡安军（2019），在这里将构建一个不变替代弹性下的生产函数，投入主要包括了劳动力、能源和资本；生产产出则包括了期望产出，如工业经济增长率和非期望产出，主要为工业废水、工业废气和工业固体废物。函数的设定如下：

$$Y(Y_g, Y_b) = F(K, L, E) = [(A_L^\beta L^\beta K^{1-\beta})^\phi r_0^{1/\sigma} + (A_E E)^\phi r_E^{1/\sigma}]^{1/\phi} \tag{1.1}$$

其中，$Y(Y_g, Y_b)$ 表示工业产出，Y_g 和 Y_b 分别代表的是期望产出（工业经济增长）与非期望产出（工业污染物排放）。A 表示技术进步，L 代表的是劳动力投入、K 代表的是资本投入、E 代表的是能源投入。而 σ 表示的是劳动和资本与能源投入之间的替代弹性，$\sigma = \dfrac{1}{1-\phi}$，$r_0 + r_E = 1$。

在这里，将技术进步 A 分解为劳动技术进步 A_L、环境技术进步 A_P 和能源利用技术进步 A_E。设定 P_E 作为能源价格，为劳动数量，n 代表人口增长率。那么，技术进步对应的进步率分别为 g_l、g_e 和 g_P，分别代表劳动技术进步率、能源利用技术进步率和环境技术进步率。$\dot{L} = nL$，其中，n 代表人口增长率。在假定资本折旧率 δ 与储蓄率 S 是外生固定的条件下，资本存量的表达式为：$\dot{K} = s(Y - P_E E) - \delta K$。

基于以上假定，本书从劳动技术进步、能源技术进步和环境技术进步三个层面来对工业绿色转型进行探讨。

当 $\sigma \to 1$ 和 $r_E \to 0$，且资本投入 K 以 $g_l + n$ 的速度保持增长时，工业产出趋于平稳。此时替代弹性 σ 的取值区间在 0 至 1，工业产出受到能源投入的影响，即工业产出需要一定的能源投入。此外，工业产出还受到了储蓄率 S、技术进步率 g_l 和人口增长率 n 的重要影响。能源的产出弹性可表示为 $\frac{\partial LnY}{\partial LnE} = r_E^{1/\sigma}(A_E E/Y)^{\phi}$。由此可见，当不存在能源技术进步时，能源约束将限制工业经济增长。而在规模报酬不变的前提，且能源技术进步率与工业经济产出的增长率均为 $g_l + n$ 时，工业产出依然受限于能源投入。只有当能源技术进步率大于 $g_l + n$，才可以实现工业经济增长。

在 $A_P(F, F^P)$ 为规模报酬不变的情况下，工业非期望产出（D），即工业"三废"的产出量为：

$$D = FB - BA_P(F, F^P) \tag{1.2}$$

通过进一步地换算可得：

$$D = FB[1 - A_P(1, F^P/F)] \tag{1.3}$$

$$D = FBp(\theta) \tag{1.4}$$

$$p(\theta) = [1 - A_P(1, F^P/F)] \tag{1.5}$$

$$\theta = F^P/F \tag{1.6}$$

其中，θ 表示为非期望产出的治理费用占据工业期望产出（工业经济产出）的比重。此时，人均变量 $y = (1 - \theta)f(k)$，$\dot{k} = s(1 - \phi)[f(k) - P_E e] - k(\delta + n + g_l)$，$d = Bf(k)p(\theta)$。根据 $y = Y/A_L L$，$k = K/A_L L$，$f(k) = F(k, 1, e)$，$d = D/A_L L$，测算可得的工业污染物的排放率可以表示为 $g_D = n + g_l - g_P$。由此可见，在受到环境技术进步率 g_P 的影响后，非期望产出将大大减少。

拓展的索洛模型反映了实现工业绿色转型的三方面途径。首先，工业期望产出受到了劳动技术进步的影响，提高劳动效率是实现工业经济增长的保障。其次，在工业绿色转型的过程中，能源技术进步率将起到重要作用，能源技术进步率大于 $g_l + n$，可以促进工业经济产出。最后，环境技术进步是减少非期望产出的重要途径。

综上所述，实现工业绿色转型的途径在于提高劳动技术进步率、能源技术进步率和环境技术进步率，反映了由此带来的产品附加值提高、能源消耗减少和污染物排放下降的结果导向。由此也印证了上面对工业绿色转型的内涵定义,即工业经济向价值提升型、能耗节约型和环境友好型提升的转变过程。

第四节 研究方法与技术路线

一、研究方法

本书主要的研究方法如下:

(一)文献分析法

本书通过查阅和梳理历史研究成果,归纳总结与本书相关的国内外重要文献。尽管已有大量文献对技术市场发展和工业绿色转型进行研究,但对两者的交叉领域却鲜有涉猎。因此,本书采用文献分析法,在大量文献的阅读和整理的基础上,发掘已有研究中有待改进之处,以此确定本书的研究方向和目标。

(二)对比分析法

本书收集了《中国统计年鉴》《中国城市统计年鉴》《中国社会统计年鉴》及各省份统计年鉴、中国专利数据库的有关数据,对比国内地区及国际技术市场发展和工业绿色转型的现状水平,试图探索我国技术市场发展与工业绿色转型存在的问题。此外,进一步地展开对不同地区、不同时期和细分市场差异性影响的实证探究,为当地政府科学决策提供政策建议。

(二)实证分析法

本书在国内外最新的技术市场和工业绿色转型相关理论的前沿

成果的基础上,采用多种面板计量方法对技术市场发展对工业绿色转型的影响进行研究,系统地揭示了技术市场影响工业绿色转型的内在机理,为政府通过技术市场发展来促进工业绿色转型提供理论依据和经验证据。

二、技术路线

本书技术路线如图 1-2 所示。

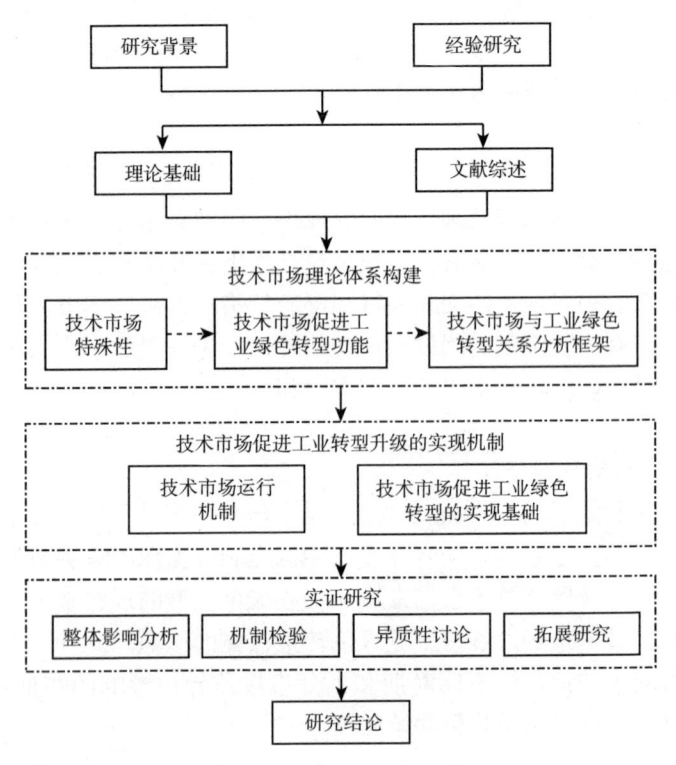

图 1-2 本书的技术路线

资料来源:笔者整理。

第五节

研究内容与创新之处

一、研究内容

本书在归纳总结已有文献的基础上,将技术市场发展这一视角引入工业绿色转型的研究中,主要由以下七个部分的内容构成:

第一章:绪论。本章节首先提出了论文的选题背景,阐述了研究问题的重要性,列出本书的相关文献,同时对本书的研究方法与研究思路展开介绍,并提出与现有研究相比本书存在的创新之处。

第二章:中国技术市场发展与工业绿色转型的特征事实。本章节指出核心变量的测算方法及其结果分析,主要涵盖核心变量的时间变化趋势分析和不同区域间差异性分析。

第三章:技术市场发展影响工业绿色转型的理论分析。第三章先从理论上阐明技术市场发展与工业绿色转型具有较强的相关性及技术市场发展影响工业绿色转型的具体传导机制,按照以上的理论分析提出本书研究假设。

第四章:技术市场发展对工业绿色转型影响的实证研究。第四章内容与第三章理论分析遥相呼应。第一步,在实证检验之前首先进行了技术市场发展与工业绿色转型的相关性分析的描述。第二步,建立了技术市场发展与工业绿色转型的基准回归模型,采用了系统 GMM 方法对二者的影响及其作用机制进行实证分析。第三步,通过动态 FE、动态 OLS、Tobit 等多种计量工具和工具变量法检验了实证结果的稳健性水平。

第五章:技术市场发展促进工业绿色转型的异质性分析。这一章将分别考虑在不同区域、不同时期及细分技术市场发展下对工业绿色转型的影响,并对实证结果进行稳健性检验。

第六章：制度环境对技术市场工业绿色转型效应的影响。本章针对第四章和第五章的研究结果进一步拓展分析，探讨制度环境与技术市场发展对工业绿色转型的影响。主要从政府环境规制与政府财政科技投入两个方面展开，讨论政府与市场在工业绿色转型中的协同作用。

第七章：研究结论与研究展望。本章节主要通过对论文中得出的所有研究结论的总结，结合实际情况，提出促进工业绿色转型的针对性政策建议。此外，从本文的局限性出发，提出了对未来研究的展望。

二、创新之处

本书基于技术市场发展视角，构建了"技术市场发展—工业绿色转型"的理论框架，并在此基础上验证了技术效率和技术进步在技术市场发展对工业绿色转型中的传导机制作用，这是现有文献尚未涉足的领域，因此选题具有创新性。具体来说，本书的创新性主要体现在以下三个方面。

第一，本书以技术产品的特殊性为突破口，建立了技术市场运行机制的理论模型，揭示了技术市场运行的独特规律。在理论上阐述了技术市场发展影响工业绿色转型的作用及传导机制，验证了技术效率和技术进步在技术市场发展影响工业绿色转型中的重要作用，深化了技术市场发展作用于工业绿色转型内在规律的认识。这不仅开拓了技术市场发展的领域，又为工业绿色转型发展引入新视角。

第二，本书不仅采用了总体分析与机制分析相结合的研究方法，还通过了动静态分析结合的研究思路，采用了两步系统GMM、动态FE和动态POLS等多种估计方法，充分考虑了技术市场发展对工业绿色转型的整体影响，以及存在的地区、时期和细分市场的异质性影响、市场与政府的协同作用，对相关的研究结论做出详细的回答。与现有研究相比,本书研究的内容更加具体,研究的方法更为全面。

第三,现有文献对技术市场发展与工业绿色转型的研究大多停留在全国或者省级层面,并使用了全国时序及省级面板的宏观数据作为实证研究的信息来源,样本量相对较少。而中国幅员辽阔,各地区的工业基础、经济条件及资源禀赋均呈现较大差异,使用城市微观数据来对研究问题进行实证将更具研究意义。基于此,本书从城市层面探讨技术市场发展对工业绿色转型产生的影响及其路径探讨,在数据的使用上具有一定的先进性。

第二章

中国技术市场发展与工业绿色转型的特征事实

第一节 技术市场发展的现状分析

一、我国技术市场发展成效

我国技术市场自 1984 年正式开放以来，从无到有，从小到大，技术交易的管理模式、组织机构和运行机制日趋成熟，已经成为我国经济方式转变的重要驱动力，对经济增长和科技进步的意义重大。根据科技部 2019 年全国技术市场交易数据①，我国在 2019 年签订技术合同 48 万余项，总计金额达 22 398.4 亿元，与 2000 年相比高出 33 倍之多，将我国《"十三五"技术市场发展专项规划》中技术市场的发展目标②提前完成。尽管我国技术市场在近 30 年来呈现了指数式增长，但与国外技术市场 400 年的发展仍

---

① 科技部发布的全国技术市场交易快报显示，2019 年我国技术合同成交额为 22 398.4 亿元，比上年增长 26.6%，首次突破 2 万亿元。
② 《"十三五"技术市场发展专项规划》中提道，我国技术市场发展经历了技术商品化阶段，当前正步入技术资本化和产业化发展时期。明确要求到 2020 年全国技术市场交易规模进一步扩大，技术合同成交金额保持平稳较快增长，力争达到 2 万亿元。

第二章　中国技术市场发展与工业绿色转型的特征事实

存在较大差距①。对此，本章节将对 2006~2019 年我国技术市场发展的现状进行简要概述和分析。②

（一）技术市场交易规模

近几年，中国技术市场的交易规模持续增长，技术商品交易日益频繁。根据《中国科技统计年鉴》中的我国技术市场发展的交易数据，在 2006~2019 年，我国累计共发生技术交易合同数量 411.828 万件，交易金额达到 115 665.26 亿元。其中，技术市场交易合同数量由 20.585 万件提高至 48.408 万件，增长率 135.166%，平均年增长率为 6.970%（见图 2-1）。而技术市场交易额则由 1 818.18 亿元提高到 22 398.39 亿元，提高了 1 131.912 个百分点，年均增长率高达 21.308%（见图 2-2）。

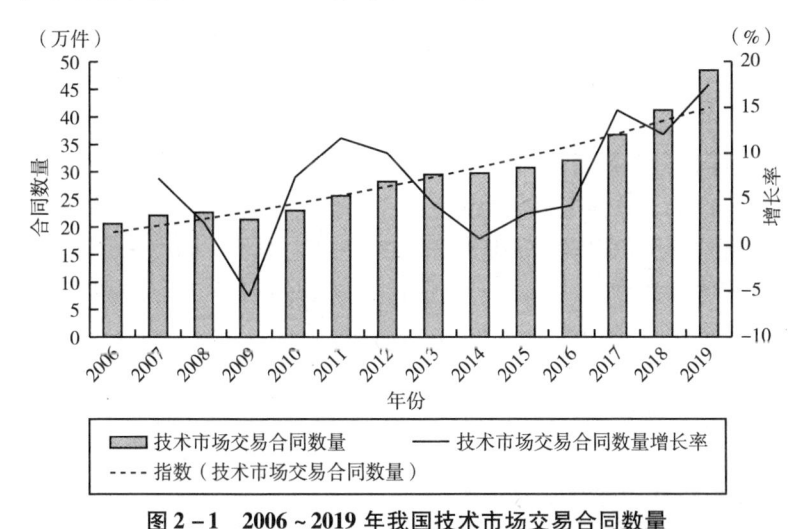

图 2-1　2006~2019 年我国技术市场交易合同数量

资料来源：2006~2019 年《中国科技统计年鉴》，结果由笔者整理而得。

---

① 国际技术交易市场从 1624 年英国颁布《垄断法》后，已经过了近 400 年的发展。
② 根据数据的可获得性，《中国科技统计年鉴》中技术市场发展的公开数据年份为 2006~2019 年。

（亿元）　　　　　　　　　　　　　　　　　　（%）

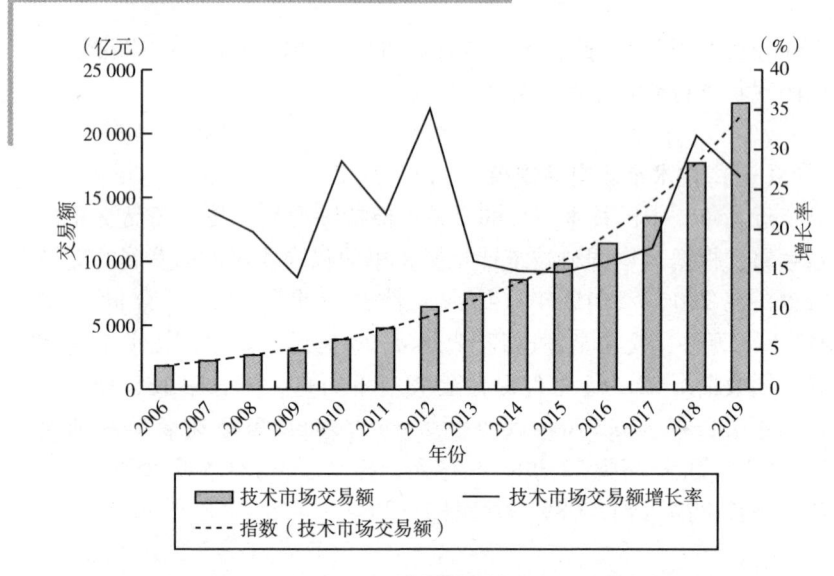

图 2-2　2006~2019 年我国技术市场交易金额

资料来源：2006~2019 年《中国科技统计年鉴》，结果由笔者整理而得。

从图 2-1 和图 2-2 中可以明显地看到，我国技术交易合同数量趋于稳定，整体上呈线性增长，除 2009 年技术市场交易合同数量的增长率为负以外，其他年份均保持了正增长。而技术交易金额则呈现了指数增长，增长率也保持在较高的水平，特别是在 2012 年，技术市场交易额与 2011 年相比增长了 35.13%，与 2006 年的交易额相比提高了 254.04%，并且在此后的 8 年中，我国技术市场的交易金额持续保持高增长。

（二）技术市场交易质量

随着技术市场规模的不断扩大，技术市场的交易质量也得到了显著提升。交易质量体现在两个方面，一是技术市场单位合同的交易金额快速提升，二是知识产权类技术商品的交易数量持续增加。

技术市场单位合同的交易金额可以在一定程度上反映出交易技术商品的附加值率。一般来说，科技水平较高、功能先进的技术商

第二章　中国技术市场发展与工业绿色转型的特征事实

品往往需要在研发中需要投入更多的生产成本，因而必将提高技术交易中的产品价格。因此，在这里将对比历年技术市场单位合同的交易金额来对技术市场的交易质量进行预判，单位合同的交易金额越高，则表明技术产品的科技含量越高，产品质量较好。如图2-3所示，自2006~2019年，我国技术市场单位合同交易金额一直呈现出上升趋势，由2006年的88.33万元提高至2019年的462.70万元单项，增长率为423.83%，平均年增长率为13.58%。从历年技术市场单位合同交易金额的增长率来看，保持较快增长的是2012年（22.772%），其他依次为2009年（20.74%）、2010年（19.67%）和2018年（17.62%），而增长率相对缓慢的为2017年（2.59%）。在所列的年份里，技术市场单位合同交易金额的增长率始终保持在正向水平，表明了近年来我国技术市场交易质量持续提升的现实情况。

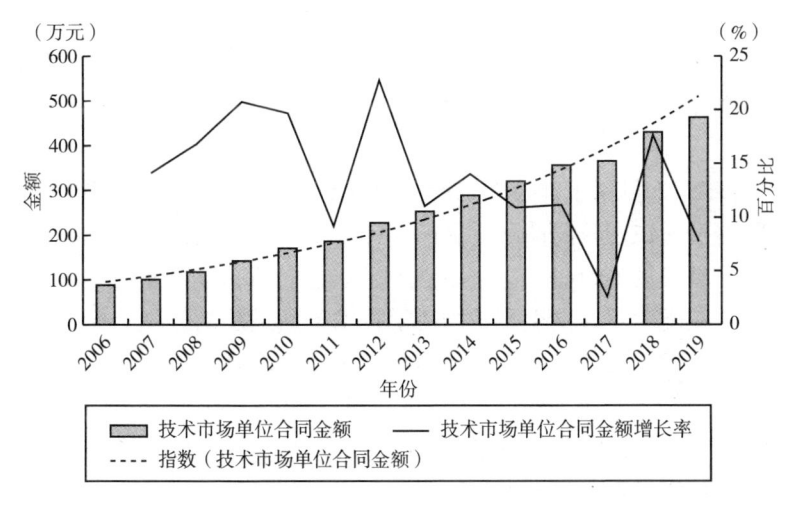

图2-3　2006~2019年我国技术市场单位合同交易金额

资料来源：2006~2019年《中国科技统计年鉴》，结果由笔者整理而得。

此外，技术市场交易的商品属性也可以很好地对技术交易质量进行评估。知识产权是发明者对创造性的劳动和成果享有的专有权，理论上，具备知识产权类的科技成果一般具有知识密集型特征，倾注了创造者较多的生产要素投入，因此，我国当前技术市场的交易质量水平可以通过知识密集型技术商品的交易量客观反映。根据技术商品涉及知识产权与否分类，技术产品可以分为涉及知识产权的技术合同与非涉及知识产权技术合同。其中，涉及知识产权的技术商品主要包括技术秘密、专利、计算机软件、植物新品种、集成电路布图设计、生物和医药新品种、设计著作权。[1]

从《中国科技统计年鉴》中知识产权分类的技术交易数据来看，我国涉及知识产权类的技术商品交易规模不断壮大。图2-4反映了涉及知识产权技术交易合同数量的发展趋势。2006~2019年，我国涉及知识产权的商品交易技术合同的数量从21.106万件增加至50.588万件，平均年增长率6.970%。这里可以看到，除2009年我国涉及知识产权的技术商品交易增长率为负值外，其余年份都保持了一定的增长。其中，交易合同数量增长率最高的为2019年，增长率为17.499%。

图2-5显示了涉及知识产权的技术交易金额。2006~2019年，我国涉及知识产权的商品交易额共计65 663.833亿元，占全部技术商品交易总额的56.771%。这说明我国的技术市场交易商品以涉及知识产权类为主，这也是我国科学技术不断进步的体现。此外，我国涉及知识产权的技术交易金额呈飞速发展趋势，2006~2019年的技术交易金额总增长率高达829.266%，年平均增长率为53.383%。知识密集型技术商品的成果转化和扩散反映了我国技术商品交易质量不断提升。

---

[1] 《中国科技统计年鉴》将技术市场交易合同按知识产权构成分为技术秘密、专利、计算机软件、植物新品种、集成电路布图设计、生物和医药新品种、设计著作权和无涉及知识产权合同。

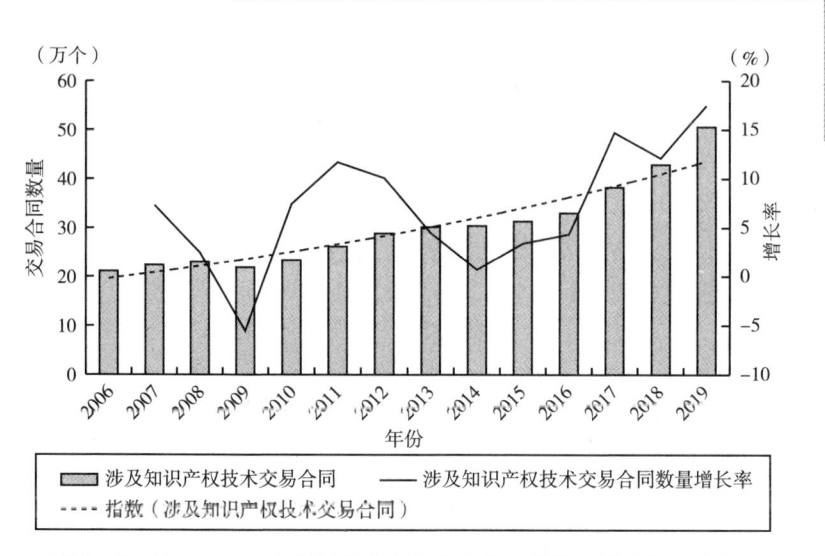

第二章 中国技术市场发展与工业绿色转型的特征事实

图 2-4 2006~2019 年我国技术市场交易合同数量（涉及知识产权）

资料来源：2006~2019 年《中国科技统计年鉴》，结果由笔者整理而得。

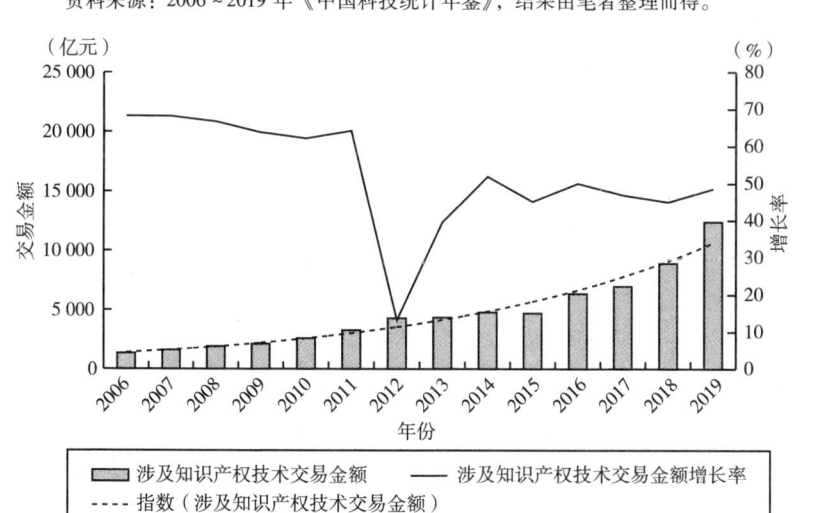

图 2-5 2006~2019 年我国技术市场交易金额（涉及知识产权）

资料来源：2006~2019 年《中国科技统计年鉴》，结果由笔者整理而得。

二、技术市场发展的区域比较

技术商品将在不同地区进行流转和交易，因此，技术输出和技术流入是技术市场发展的重要途径。技术输出主要是指地区向其他地区提供先进技术商品的市场活动，而技术流入则表示为本地区从其他地区获取或者购买技术商品的市场行为。通过分析我国各区域的技术输出和技术流入，可以准确地了解当地的技术创新程度、技术开发水平、市场运行规模和技术吸纳能力，并有利于各地区结合自身优势和短板，针对性地发展本地技术市场。

根据《中共中央 国务院关于促进中部地区崛起的若干意见》以及《国务院发布关于西部大开发若干政策措施的实施意见》，我国的经济区域主要分为东部、中部、西部以及东北四大地区。在这一节中，将对比分析2000~2019年我国四大经济区域技术市场输出和流入数据，深入了解各地区的技术市场发展水平[①]。

（一）技术输出比较分析

如图2-6所示，全国整体技术合同数量呈上升趋势。其中，东部地区历年的技术输出合同数量远远高于其他各地区，这表明了东部地区是我国主要的技术输出地区，科技创新能力较其他地区最强。其余依次为西部地区、中部地区和东北地区。从增长速度来看，与其他地区相比，西部地区的增长率最高，从2000年的1.9469万件到2019年的8.9446万件，增长了359.42%，其他地区依次为中部地区（97.14%）、东部地区（85.87%），而东北地区的合同数量出现了负增长（-6.73%）。

图2-7反映了我国2000~2019年东部、中部、西部和东北地区

---

① 《中国科技统计年鉴》中关于地区技术输出和流入最早的公开数据可追溯到2000年，2001~2004年数据缺失。鉴于数据的可获得性，这一章节的对比分析采用2000年、2005~2019年的地区数据。

的技术市场交易金额。从技术市场输出的交易金额来看,东部地区的交易金额占全国的比重最高,其他依次为西部地区、中部地区和东北地区。2019 年,我国东部地区技术输出交易金额为 14 249.409 亿元,比 2000 年的 416.723 亿元高出 3 319.58%;西部地区 2019 年的合同金额为 3 375.066 亿元,高于 2000 年的 85.868 亿元 3 829.10 个百分点,而中部地区和东北地区的输出金额增长率分别为 3 043.07% 和 2 110.84%。从技术输出的交易金额增速来看,西部地区依然领先。

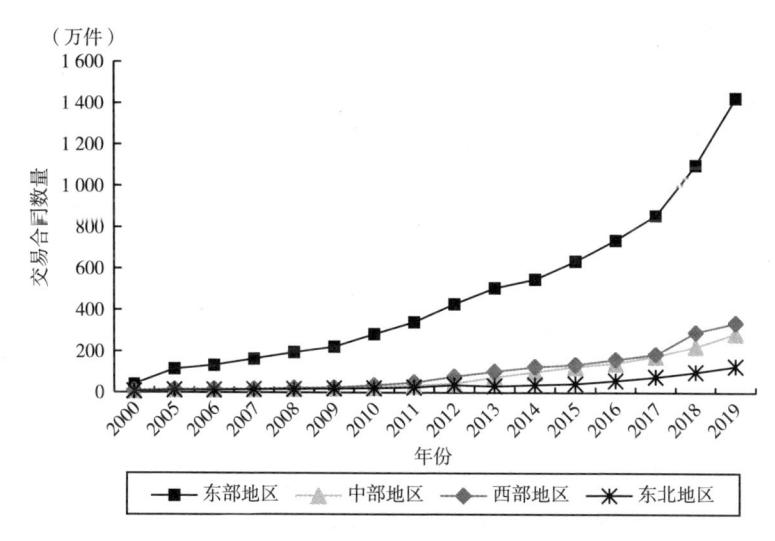

图 2-6 2000~2019 年我国地区技术输出交易合同数量

资料来源:2006~2019 年《中国科技统计年鉴》,结果由笔者整理而得。

由此可见,不论从技术输出的交易合同数量来看,还是技术输出的交易金额,东部地区始终占据了全国技术市场发展最主要的位置,合同数量和交易金额远远高于其他地区,这表明了东部地区具备了较高的科技水平和完善的市场运行,工业基础与经济实力与其他地区已明显拉开差距。这也在一定程度上反映了我国经济发展不平衡不充分的社会主要矛盾。此外,西部地区在近些年呈现出了高速发展的趋势,增长率高于其他各地区,表示西部地区正在快速崛起，西部大开发等国家政策获得了有效的落实，国家战略性布局的成效显现。

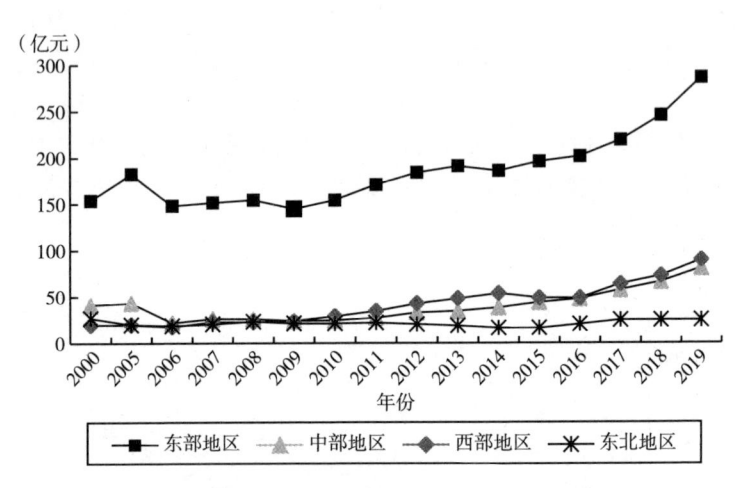

图 2-7 2000~2019 年我国地区技术输出交易金额

资料来源：《中国科技统计年鉴》，结果由笔者整理而得。

（二）技术流入比较分析

图 2-8 和图 2-9 分别展示了我国东部、中部、西部和东北地区在 2000~2019 年技术流入的合同数量和交易金额。与前面有关的技术输出结论相似。我国东部地区不论在技术流入的合同数量还是交易金额都保持着较高的水平。

从技术流入的合同数量来看，东部地区合同数量由 2000 年的 15.181 万件提高至 2019 年的 29.034 万件，增长率为 91.24%。西部地区 2019 年的合同数量 8.823 万件，比 2000 年的 2.391 万件高出 269.01%，中部地区和东北地区 2000 年的合同数量分别为 2.494 万件和 2.328 万件，到 2019 年提高至 7.489 万件和 2.494 万件，增长率分别为 81.73% 和 7.13%。由此可见，西部地区的增长率依然领先于其他地区，排序依次为西部地区、东部地区、中部地区和东北地区。

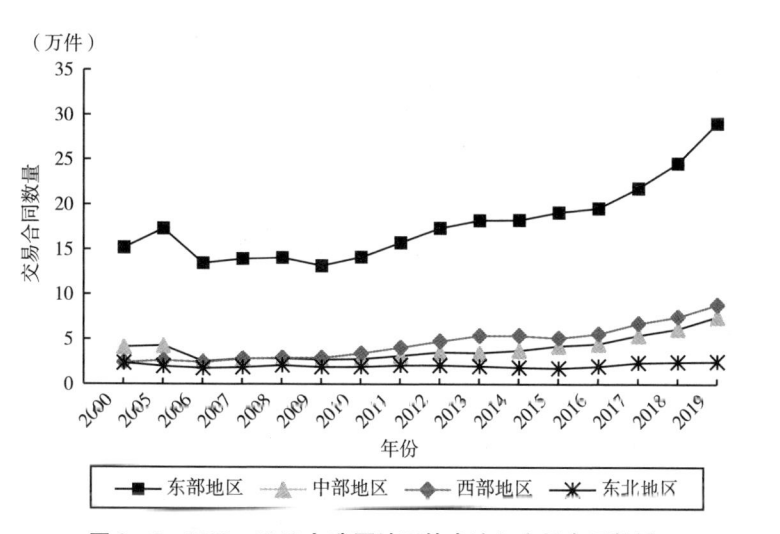

图 2-8　2000~2019 年我国地区技术流入交易合同数量

资料来源：2000~2019 年《中国科技统计年鉴》，结果由笔者整理而得。

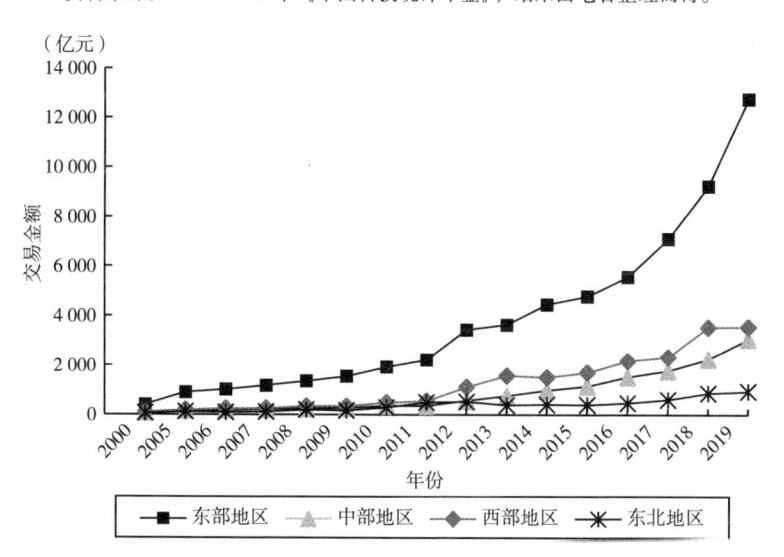

图 2-9　2000~2019 年我国地区技术流入交易金额

资料来源：2000~2019 年《中国科技统计年鉴》，结果由笔者整理而得。

从技术流入的合同金额来看，东部地区 2019 年的合同金额为 13 759.967 亿元，是 2000 年的 400.011 亿元的 34 倍，西部地区由 2000 年的 89.841 亿元提高至 2019 年的 3 552.973 亿元，增长率达到 3 856.57%，高于中部地区的增长率 3 765.36% 和东北地区的增长率 1 571.836%。

由此可见，东部地区不仅有强劲的科技输出能力，在技术吸纳方面也表现优异。西部地区近年来发展迅猛，不论在技术流入还是技术输出方面都显示出了其巨大的发展潜力，其次为中部地区。而东北地区近年来发展相对平缓，与其他地方相比存在着较大差距。

三、我国技术市场发展特点

（一）企业是我国技术市场交易的主要双向主体

我国技术输出和流入的主体包括机关法人、事业法人、科研机构、高等院校、医疗和卫生、社团法人、企业法人、个体经营、境外企业和自然人。从 2006~2019 年的统计数据来看，企业不管是在技术输出（作为卖方），还是在技术流入（作为买方）中，交易的金额都是最高，合同数量也是最多的。这表明了企业是技术市场中的双向主体，在技术市场发展的作用日益凸显。

2006~2019 年，我国企业作为卖方主体，累计发生技术交易 266.55 万件，102 121.19 亿元的交易金额，平均每单位合同的交易金额为 383.12 万元。其次为事业法人，共计 136.8 万件。此外，企业也是交易的买方主体，同期发生交易合同 259.36 万件，累计交易 99 967.93 亿元。其次为事业法人，共计 621.27 万件。图 2-10 和图 2-11 分别显示了 2006~2019 年我国技术市场交易买卖双方的构成及交易合同数量。

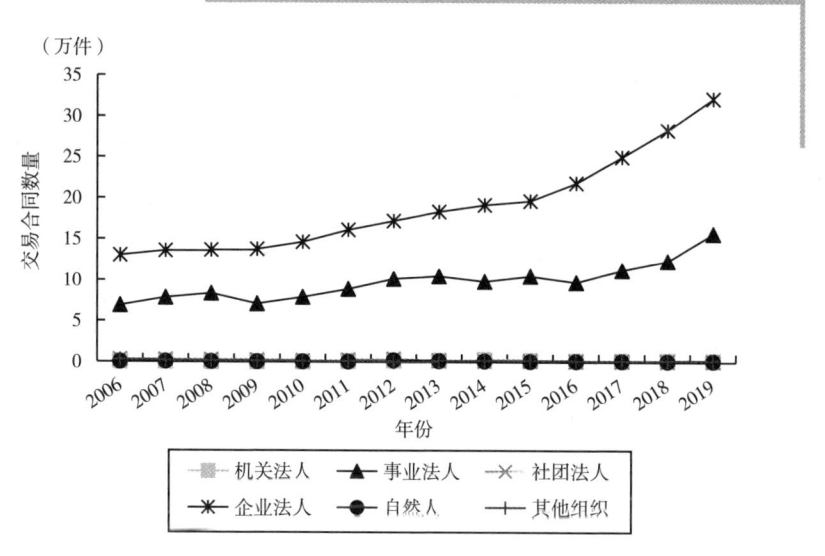

第二章　中国技术市场发展与工业绿色转型的特征事实

图 2－10　2006~2019 年卖方主体技术交易合同数量

资料来源：《中国科技统计年鉴》，结果由笔者整理而得。

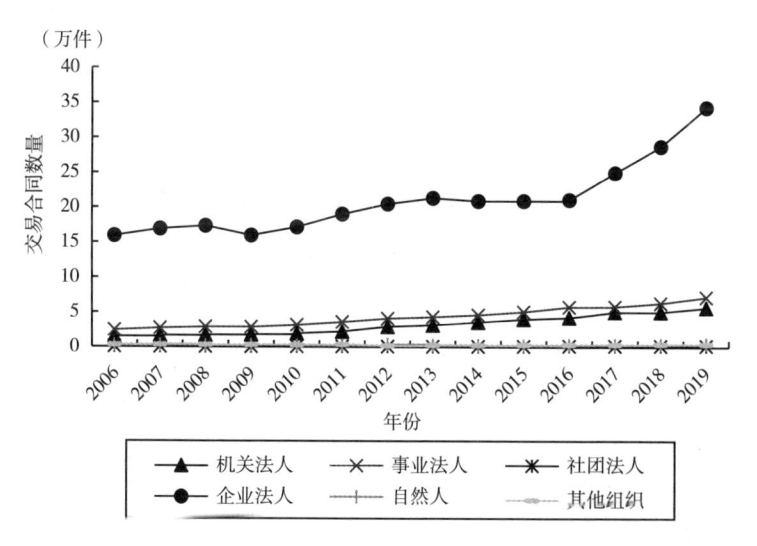

图 2－11　2006~2019 年买方主体技术交易合同数量

资料来源：《中国科技统计年鉴》，结果由笔者整理而得。

总体而言，企业作为买卖主体在 2006~2019 年技术交易日趋活跃，技术合同数量不断增加，技术交易金额逐年提升（见图 2-12）。并且，企业的技术输出能力较强，历年来技术输出均高于同期的技术流入水平，这就意味着企业作为技术创新的主体，不仅创造和发明新型技术以提高企业自身的生产率和附加值，也承担着社会重要角色，服务于社会的其他机构组织（例如通过参与科研机构、高等院校合作研发等）。而在经济转型的大背景下，传统产业的转型升级、产品的改造优化使得企业对先进技术有强烈的需求，因此，企业不仅是技术市场中最具生命力的输出主体，同时也是技术引进的最重要主体。

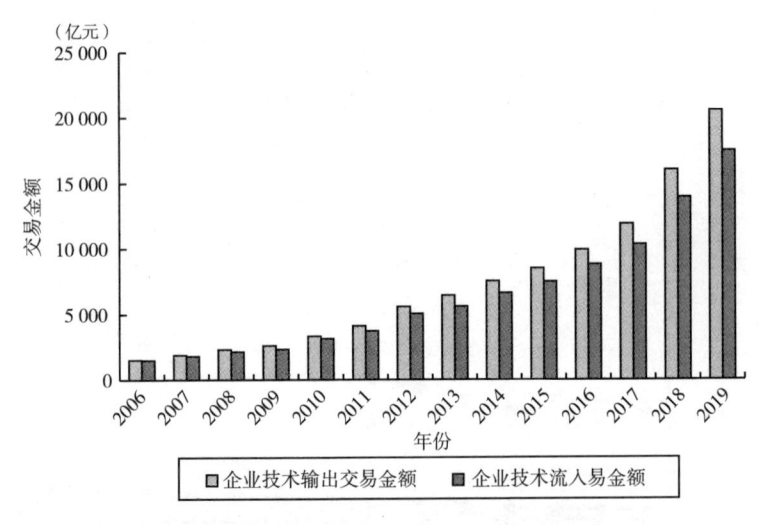

图 2-12　2006~2019 年企业技术交易金额

资料来源：2006~2019 年《中国科技统计年鉴》，结果由笔者整理而得。

（二）技术交易以战略新兴产业技术为主

我国技术市场快速发展，各技术领域的技术商品交易规模持续扩大，特别是电子信息、生物医药、新能源、新材料和节能环保等

第二章 中国技术市场发展与工业绿色转型的特征事实

战略性新兴产业，技术交易稳步增长，与其他技术领域相比具有更高的交易比重。

2006~2019年，我国在战略性新兴产业领域的技术交易合同累计共318.40万件，交易金额达到82 322.27亿元，交易金额的平均年增长率为20.313%。战略性新兴产业领域的技术交易占所有技术交易的比重历年都高于其他产业。图2-13显示了2006~2019年不同产业领域的技术交易规模，可以看出战略新兴产业技术的交易金额大幅度高于其他类技术。图2-14显示了战略性新兴产业技术交易的历年比重。在技术合同数量上，战略新兴产业技术占比在71.54%~77.65%，而在技术交易金额上，战略新兴产业技术交易金额占比最高时达到了83.87%。这表明了战略新兴产业技术在技术交易中的重要地位，这也为我国高新技术推广、工业绿色转型和经济高质量发展提供了有力的技术支持。

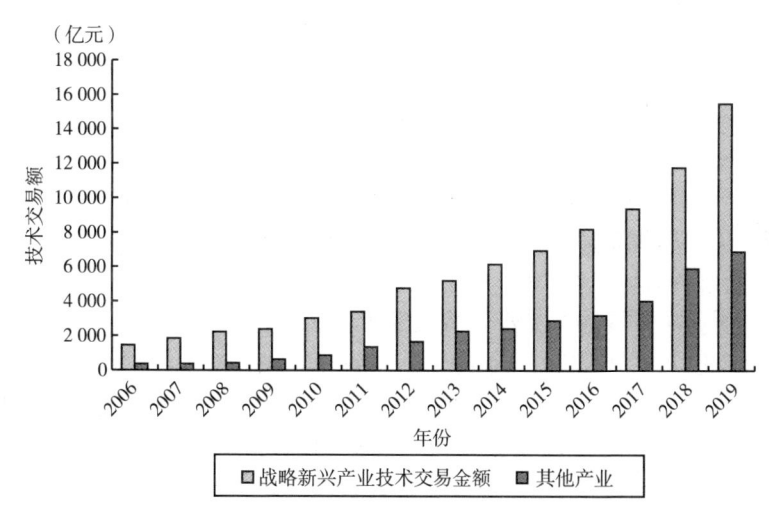

图2-13 2006~2019年不同技术领域技术交易金额

资料来源：2006~2019年《中国科技统计年鉴》，结果由笔者整理而得。

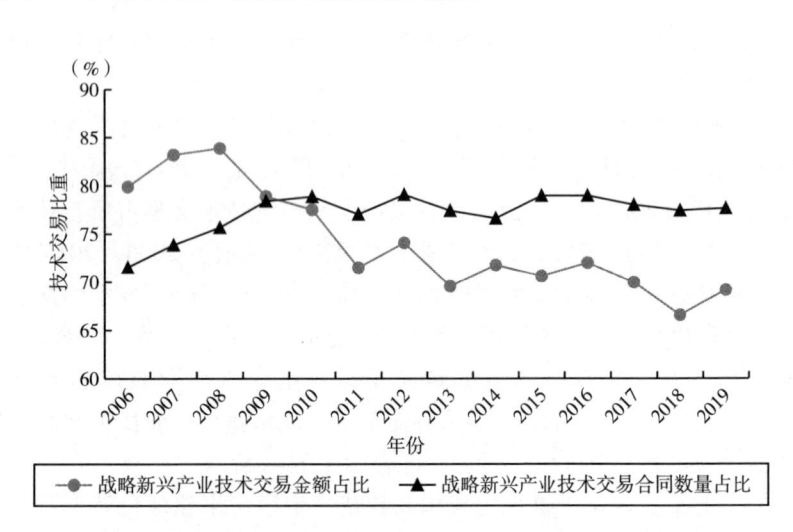

图 2-14　2006~2019 年我国战略性新兴产业技术交易比重

资料来源：2006~2019 年《中国科技统计年鉴》，结果由笔者整理而得。

（三）专利类技术交易不断扩大，发明专利增长相对缓慢

《中国科技统计年鉴》的数据表明，2006~2019 年我国专利类技术交易稳步增长。从合同数量来看，发明专利的数量由 2006 年的 3 279 项增加到 2019 年的 14 374 项，实用新型专利合同数量由 0.1782 项增加至 0.7036 项，外观设计专利合同数由 150 项增加到 394 项。从合同的交易额来看，发明专利的合同的交易额从 2006 年 90.07 亿元提升至 2019 年的 1 741.47 亿元，实用新型专利的技术交易额由 2006 年的 36.30 亿元增加到 2019 年 1 323.99 亿元。外观设计专利的技术交易额由 2006 年的 5.71 亿元和增加到 2019 年的 20.30 亿元，图 2-15 与图 2-16 反映了三类专利在 2006~2019 年交易的合同数量与交易金额。

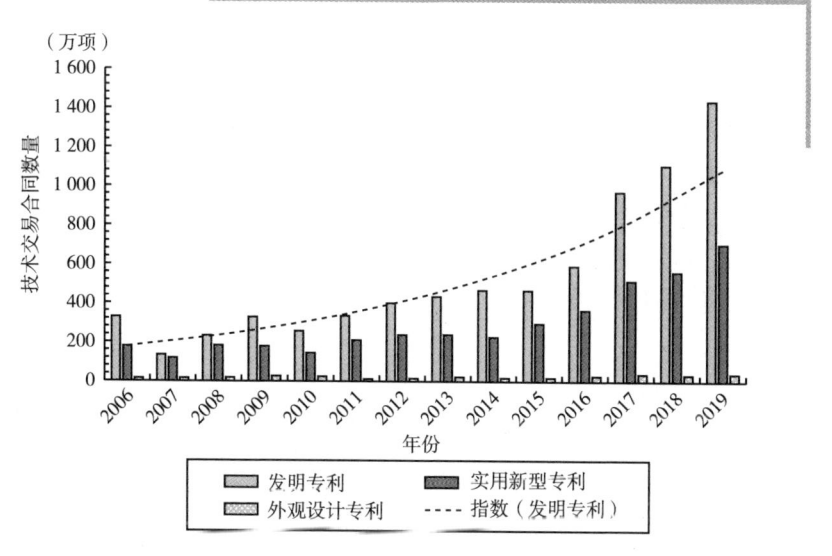

第二章 中国技术市场发展与工业绿色转型的特征事实

图 2-15 2006~2019 年我国专利技术交易合同数量

资料来源:《中国科技统计年鉴》,结果由笔者整理而得。

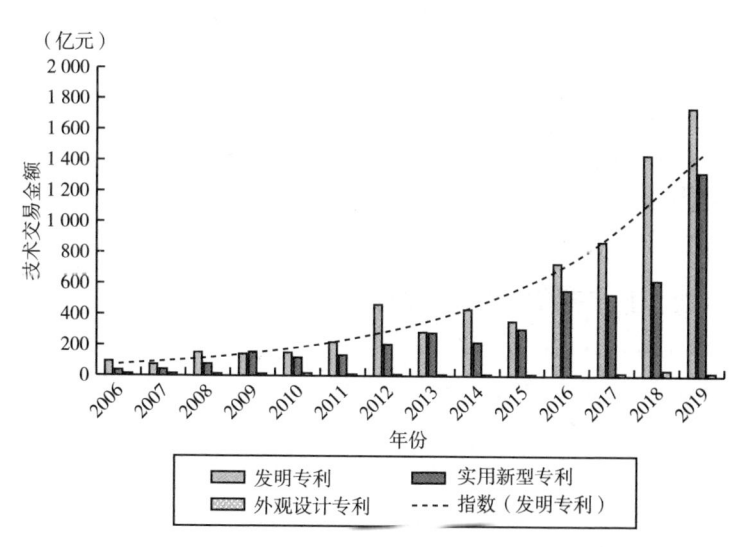

图 2-16 2006~2019 年我国专利技术交易金额

资料来源:《中国科技统计年鉴》,结果由笔者整理而得。

· 59 ·

对比发明专利、实用新型专利和外观设计专利三项技术交易专利子项目的年平均增长率（见图2-17）可以发现，尽管2006~2019年我国发明专利技术的交易合同数量的平均年增长率高于其他两项，平均年增长率为18.03%。但在技术交易金额及单位合同的交易金额的平均年增长率中却不及实用新型专利和外观设计专利技术。这表明现阶段我国发明专利类的技术交易仍有待提升，创新能力有待加强。

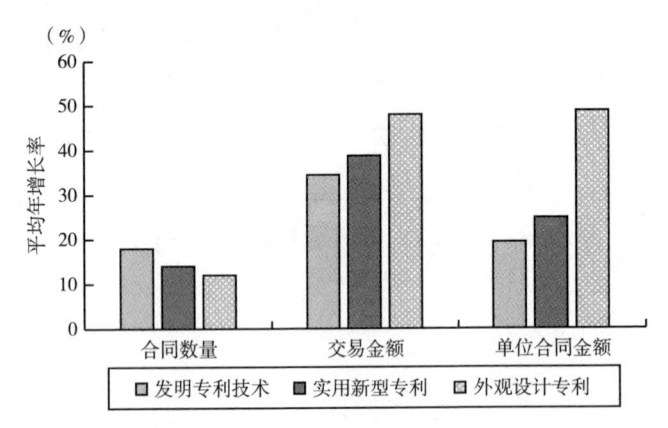

图2-17 2006~2019年我国专利类技术交易平均年增长率
资料来源：《中国科技统计年鉴》，结果由笔者整理而得。

（四）技术开发交易规模减弱，合作开发意愿不强

近年来，我国技术开发类的技术交易大幅减少，占整体技术交易市场的份额逐步降低。并且，技术开发主要以委托开发为主，合作开发的意愿薄弱。

根据《中国科技统计年鉴》的统计数据，不论是在交易合同数量还是在交易金额，技术开发类的市场份额正在不断减少。图2-18显示了我国2006~2019年细分技术市场的交易合同占比情况，可以看到，技术开发市场的交易合同数量占比于2012年开始下滑，

第二章 中国技术市场发展与工业绿色转型的特征事实

与之相反的是，技术服务市场规模不断提升，交易合同数量的占比不断增加。从图2-19中更可以清晰地看到交易金额所占比重在年份期间的显著变化。技术服务市场的交易金额自2012年后开始超越技术开发市场，并且正不断拉开差距（除2017年之外）。

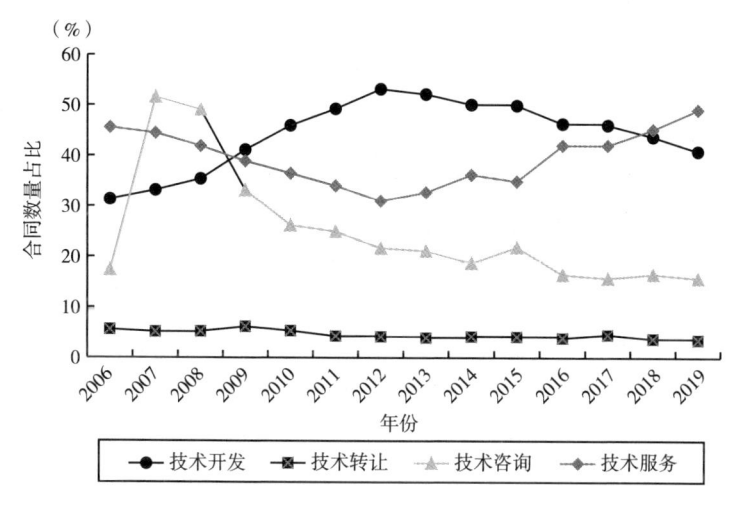

图2-18 2006~2019年我国细分技术市场交易合同数量占比

资料来源：《中国科技统计年鉴》，结果由笔者整理而得。

而仅从技术开发市场的构成来看，技术开发市场主要包含了委托开发和合作开发两类。数据显示，我国技术开发市场在2006~2019年共发生交易合同184.1277万项，其中委托开发项目173.0734万项，合作开发11.0542万项，占比分别为94.00%和6.00%。交易金额分别为3 139.03亿元和340.60亿元，占比90.21%和9.79%。从图2-20和图2-21中可以明显看到两类技术开发所占的比重差距。由此可见，我国技术开发市场中，合作开发类的项目并未受到更多青睐，历年来占据的比重极小，具有进一步发展的巨大空间。

· 61 ·

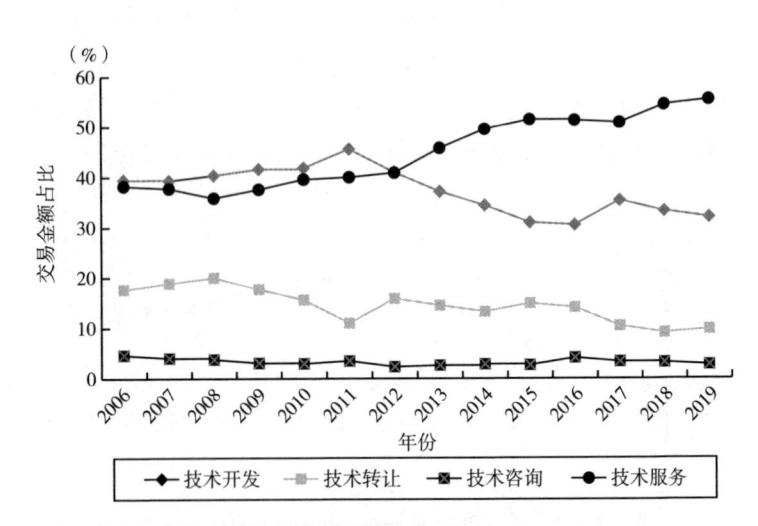

图 2-19　2006~2019 年我国细分技术市场交易金额占比

资料来源:《中国科技统计年鉴》,结果由笔者整理而得。

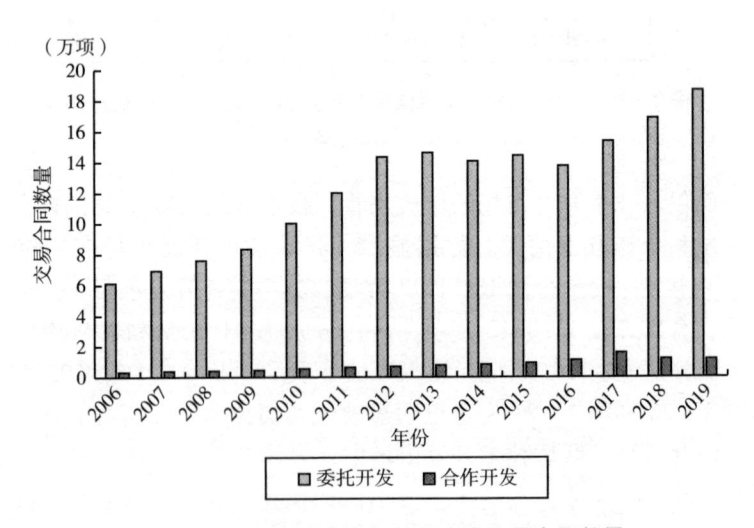

图 2-20　2006~2019 年技术开发交易合同数量

资料来源:《中国科技统计年鉴》,结果由笔者整理而得。

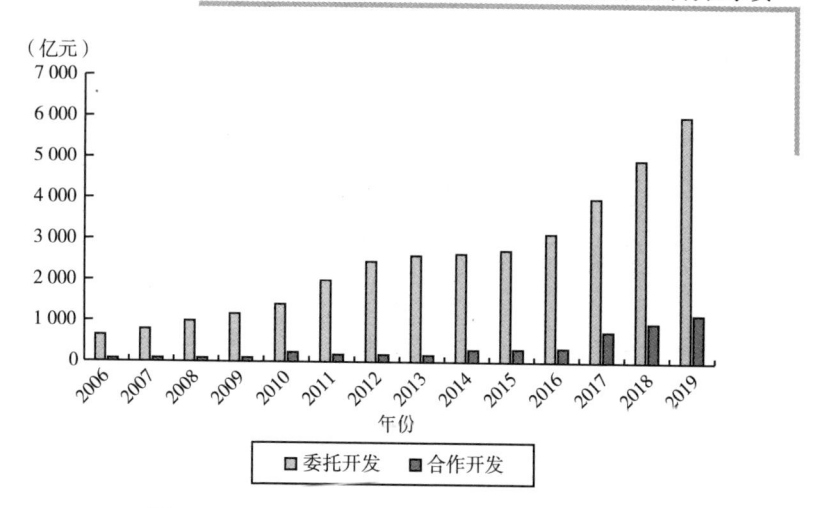

图 2-21 2006-2019 年技术开发交易金额

资料来源:《中国科技统计年鉴》,结果由笔者整理而得。

第二节 工业绿色转型进程与存在问题

一、我国工业绿色转型的进程

工业是我国经济的关键支柱,是科技进步的载体。中华人民共和国成立七十多年以来,中国经历了初步工业化和加速工业化阶段,现正处于后工业化的关键阶段。在受到环境资源的约束,以及我国人口红利不断衰退的双重阻力下,如何通过转型升级来应对日益激烈的工业市场,以实现工业经济的高质量发展已经是目前亟须解决的问题。对此,本书在参考现有研究成果的基础上,通过工业基础数据,对我国工业发展的进程和存在问题进行探讨。

鉴于内涵深化后的工业绿色转型主要体现在工业经济增加、能源消耗下降及环境污染排放减少三方面,因此,本书将通过收集整理近年来我国的工业增加值、能源消耗量及污染排放指标，来分析考察全国及地区的工业绿色转型的现状。基础数据选自《中国统计年鉴》《中国工业统计年鉴》《中国环境统计年鉴》《中国能源统计年鉴》和中经网统计数据库以及国务院发展研究中心信息网。

（一）我国工业经济增长概况

近年来，我国工业经济快速增长，工业生产总值显著提升，但附加值率相对较低，经济增长速率减缓。从 2006~2020 年我国的工业增加值数据来看，我国工业经济整体上呈上升趋势，工业增加值从 2006 年的 92 235.8 亿元提高至 2020 年的 313 071.1 亿元，增长率为 239.42%，工业总产值在这期间共增加 3 179 951 亿元。其中，工业增加值最高的年份为 2019 年，达到 311 858.7 亿元，而 2020 年稍有回落。

尽管可以看到近 15 年我国的工业增加值保持向上的较好态势，但工业增加值的增长率除了 2010 年、2015 年和 2017 年稍有回升以外，其他年份均开始下滑（见图 2-22）。工业增加值的增长率可以反映我国工业价值提升的程度，增长率的下降表明，目前我国的工业仍处在于价值链的低端，整体的工业增加值相对较低，在转型升级进程中有较大空间。

（二）工业能源消费

工业能源消费主要来自煤炭、原油、汽油等不可再生燃料，和天然气、电力等可再生燃料。分析 2006~2020 年我国工业能源消费的统计数据，可以看到，我国工业能源消费整体上呈现出逐年上升的趋势。我国 2006 年的能源消费总量为 28.55 亿吨标煤，2019 年提升至 49.80 亿吨标煤，增长率达 73.84%。观察能源消费的增长率，我国能源消费的增长率大体上有下降的趋势。2009~2011 年和 2016~2018 年我国能源消费增长率有所增加，而 2007 年、2010 年及 2011 年的工业增加值增长率最高，表明工业对能源的需求有

第二章 中国技术市场发展与工业绿色转型的特征事实

所提升，工业生产部门需要更多能源的投入以完成当年的生产任务。而其余年份均呈现逐年递减的趋势。其中增长率最低的为2015年（见图2-23）。

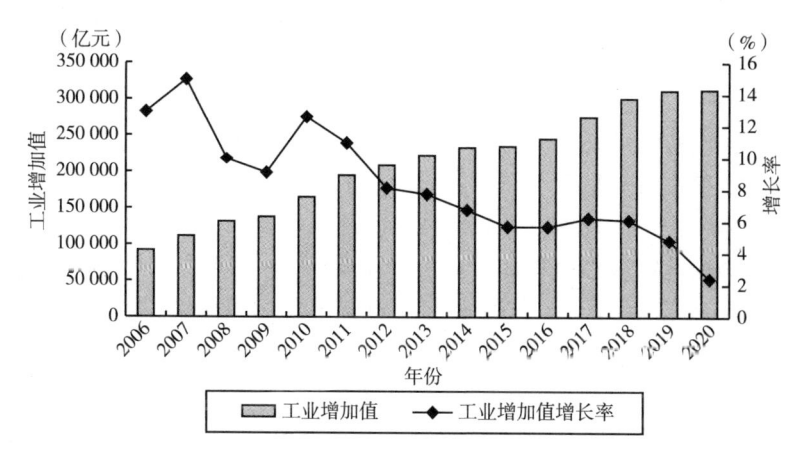

图2-22 2006~2020年我国工业增加值及增长率

资料来源：笔者整理。

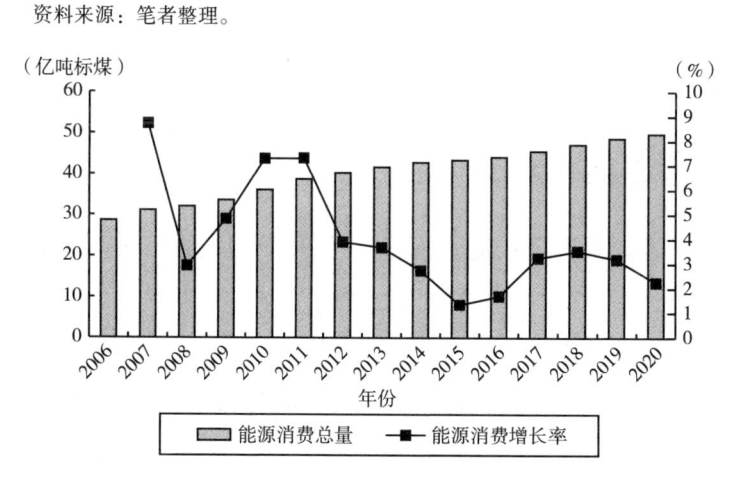

图2-23 2006~2020年我国能源消费总量及增长率

资料来源：笔者整理。

(三) 工业污染物排放

工业污染物主要由工业废水、工业废气和工业固体废物，即工业"三废"组成。数据显示，2006~2020年，我国工业污染物中除工业二氧化硫的排放量呈现下降趋势外，工业废水和工业固体废弃物的排放仍在持续不断增加（见图2-24）。而通过对比三大污染物排放量的增长率可知（见图2-25），我国工业三废的排放量的增长率大体上呈现了下降趋势，其中工业二氧化硫的排放量和工业固体废物产生量均在不同年份中出现了负增长，工业废水的增长率相对稳定。这也就表明了近年来我国工业污染物排放量的增长速率正在逐年降低，在国家宏观调控和企业创新发展双重驱动下，工业污染物排放得到了较好控制，工业经济逐步向环境友好型发展。

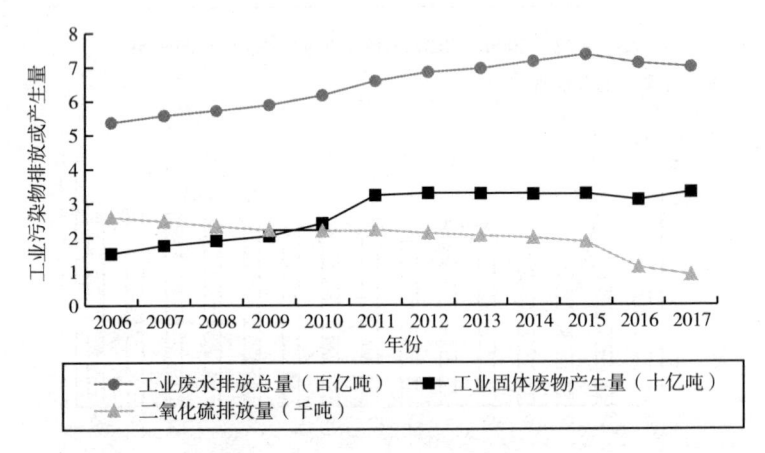

图2-24 2006~2017年我国工业污染物排放（或产生）量
资料来源：笔者整理。

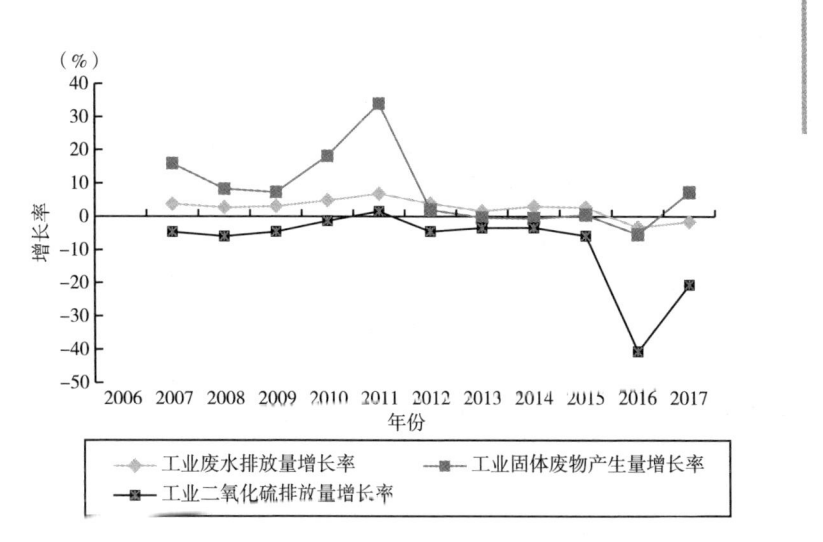

图 2-25 2006~2017 年我国工业污染物排放（或产生）增长率
资料来源：笔者整理。

二、工业绿色转型的区域比较

前面对我国工业绿色转型的整体进程概况进行了简要的分析，对我国工业的经济绩效、能源和环境绩效有了一定的了解。但我国幅员辽阔，各地区差异化特性明显，各地区的经济发展不平衡不充分的问题并未解决，工业绿色转型进程与存在的阻碍也不尽相同。由此，本章将通过对比分析我国东部、中部、西部和东北部地区的工业发展现状，深入剖析我国地区间工业绿色转型的差异，为地区工业绿色转型提供有效依据。

（一）工业绿色转型的国内地区比较

我国工业经济稳步增长，其中，东部地区发挥了最主要作用，中西部地区增速显著。如图 2-26 所示，2006~2019 年，我国四大地区的第二工业总产值呈稳步上升态势,其中,我国东部地区的工业增加值比重占据最高,且与其他地区相比有更好的工业基础。在所示年份期间,我国东部地区在2019年的工业增加值达到最高,为167 387亿元。从其他地区的工业经济指标来看,中部地区和西部地区的工业增加值接近,而其中东北地区的工业经济水平最低。从工业增加值的增速来看,2006~2019年,我国工业经济增速最快的是中部与西部地区,工业增加值分别提高了314.32%和311.78%,其次是东部地区(201.12%),增长率最低的是东北地区(98.08%)。其中除2009年,2006~2011年属于快速增长期,四大地区的工业增加值在这期间增长迅速;而在2015~2016年四大地区的工业增加值增长较为缓慢,东北地区甚至在2014~2016年出现了负增长。

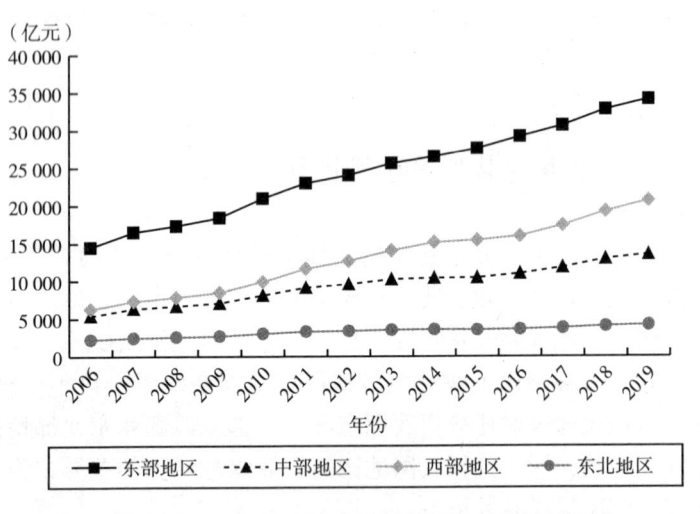

图2-26 2006~2019年我国地区工业增加值

资料来源:笔者整理。

根据图2-27可知,总体上我国各地区在能源消费(以电力为例)的发展态势较为均衡。其中,东部地区的电力消费最高,其在

2019 年达到了 34 111.85 亿千瓦时，其余依次为西部地区、中部地区以及东北地区。总体上，我国四大经济区的电力消费呈上升趋势，东北地区始终保持较低的增长速度和较低的电力消费，历年电力消费在 20 000 亿千瓦时以下。

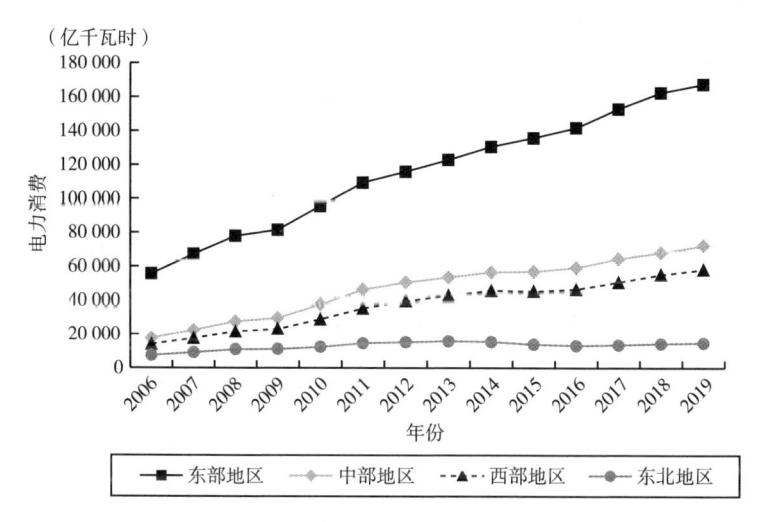

图 2-27　2006~2019 年我国地区电力消费

资料来源：笔者整理。

根据《中国环境统计年鉴》的数据，本章作图 2-28、图 2-29 和图 2-30 对我国东部、中部、西部和东北地区的主要工业污染物排放进行简要分析。

在工业废水排放方面（见图 2-28），我国东部地区废水量最高，达到了 360 亿吨；西部地区与中部地区的废水量较为近似，常年处于 100 亿~150 亿吨；东北地区的废水量最低，一般不超过 50 亿吨。从测算的增长率来看，尽管东部地区的废水量总体呈上升趋势，但每年的增长率都在下降；中部地区与西部地区的废水量增长率近似，中部地区增长率较快，东北地区每年的废水量基本保持恒定。除西部地区外，其他地区的废水量在 2016 年和 2017 年都出现了负增长。

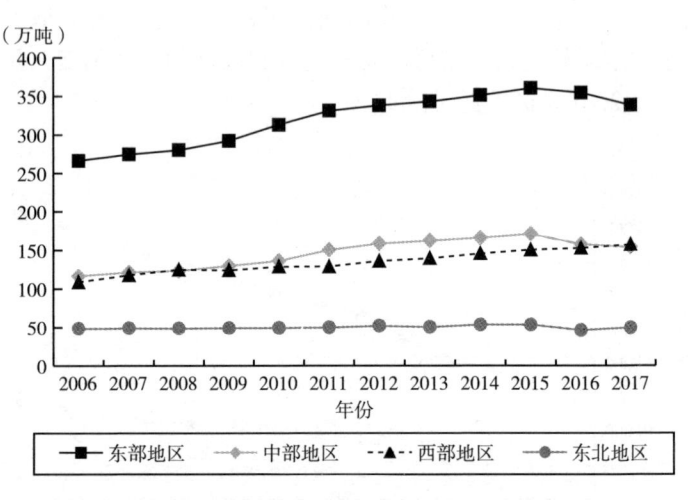

图 2-28　2006~2017 年我国地区工业废水排放量

资料来源：笔者整理。

在工业废气排放方面（见图 2-29），西部地区的工业废气排放高于东部、中部和东北地区，2019 年最高为 930 吨。东部地区的工业废气排放量少于西部地区，剩下的依次为中部地区和东北地区。四大地区工业废气排放的变化趋势基本一致，2006~2015 年显现为平稳下降的态势，其中 2009~2011 年出现了的略微的反弹；而 2016~2017 年各地区工业废气排放量骤降，期间每年平均下降约 50%。

在工业固体废物排放方面（见图 2-30），西部地区排放量与其他地区相比较高，2006~2017 年，西部地区共排放工业固体废物 105.50 万吨，高于同期东部地区（94.90）、中部地区（83.83）和东北地区（39.29）。在工业固体废物排放的增速上，西部地区在 2006~2011 年增长极为迅速，年增长率最高可达 20%，2011 年以后的工业固体废物排放量趋于平缓；东部地区在 2006~2012 年处于快速增长，但 2012 年以后的工业固体废物排放量开始下降，

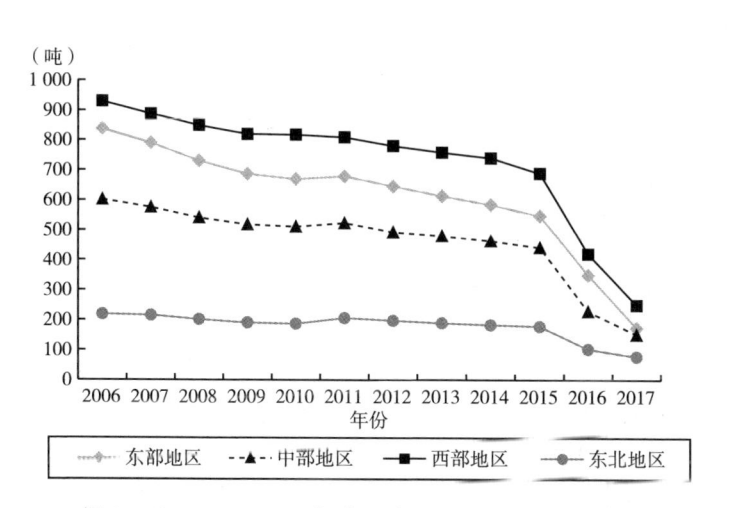

第二章　中国技术市场发展与工业绿色转型的特征事实

图 2-29　2006~2017 年我国地区工业二氧化硫排放量
资料来源：笔者整理。

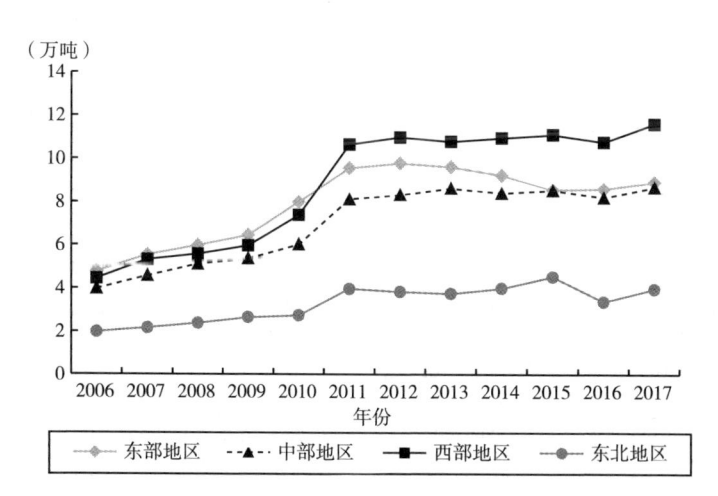

图 2-30　2006~2017 年我国地区工业固体废物排放量
资料来源：笔者整理。

我国技术市场发展对工业绿色转型的影响研究

2016年、2017年出现回升。西部地区经历了2006~2011年的增长期后，从2012年开始每年的工业固体废物排放量趋于平缓；东北地区总体上处于平缓上升趋势。

(二) 工业绿色转型的国际比较

为了更明确我国工业绿色转型在国际中的水平，在这里将通过对比我国与世界上一些重要国家的工业指标，考察我国在工业绿色转型中的优势与不足。

在工业增加值方面，在这里将对比工业增加值占国内生产总值的比重，来考察我国工业的经济绩效水平。世界银行数据库中的世界发展指标为主要的数据来源，现有数据更新到2018年，因此本章在这里将主要对2006~2018年的工业增加值比重进行汇报和分析。根据数据显示，我国工业增加值占国内生产总值的比重与发达国家美国、日本和发展中国家南非和印度相比，均站在高位（见图2-31）。这说明了我国的国民经济主要以工业为主的客观事实。

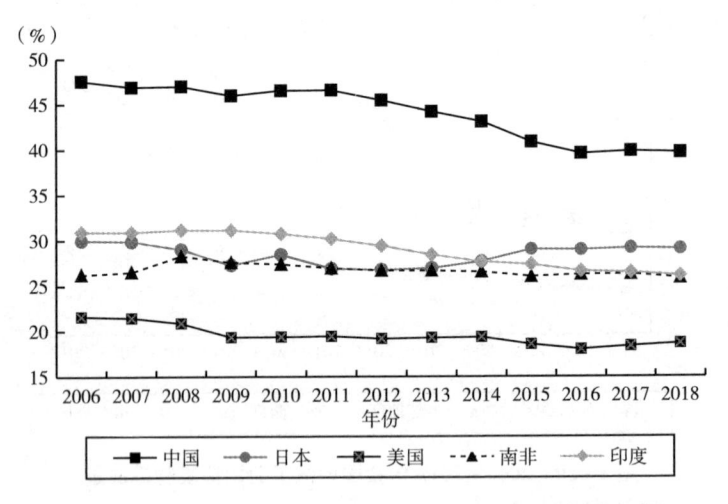

图2-31 2006~2018年工业增加值占GDP比重的国际对比
资料来源：笔者整理。

2006~2018年，我国工业增加值占国内生产总值的比重稍有下降，但整体上保持在40%及以上，而发达国家如美国的工业增加值比重稳定在20%上下，印度和我国的发展趋势相像，有持续下降的趋势，而日本和南非的工业增加值比重维持在25%~30%。这表明了我国经济发展以工业为主，因而更好地发展工业，促进工业高质量发展是我国十分值得探索的道路，并且与其他国家相比，我国在工业绿色转型方面仍有较大的空间。

在能源消耗方面，图2-32反映了世界上主要国家在2000年、2005年、2010~2017年的单位GDP能耗量。鉴于数据的可获得性，这里使用了国内生产总值电耗量进行对比。

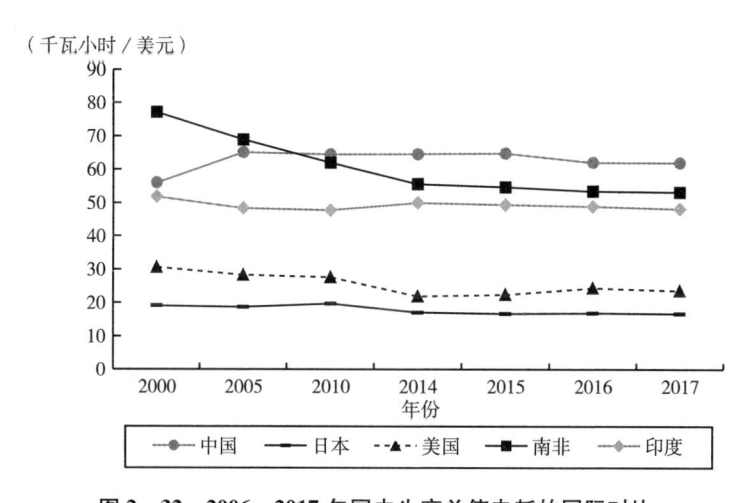

图2-32　2006~2017年国内生产总值电耗的国际对比

资料来源：历年《中国能源统计年鉴》。

从图2-32可以直观地看到，2005年前，南非的每单位GDP耗电量远高于中国及其他国家，而在2005~2010年，中国的单位GDP耗电量超过南非，并且成为国际上单位耗电量最大的国家，国民生产总值电耗在60千瓦小时/美元以上。这表明我国经济的快速增长在很大程度上还是依赖于高投入、高能耗的生产方式，粗投放模式并未彻底改变。所示的其他四个国家中，单位能耗量最低的为日本，均在 20 千瓦小时/美元以下，其次为美国，单位国内生产总值电耗量几乎在 20 至 30 千瓦小时/美元区间，印度的 GDP 单位能耗量接近处于同一水平上，说明印度的能源消费保持在一定的合理范围内，并得到了很好的控制。南非的单位能耗量趋于下降形势，特别在 2000~2014 年，南非的 GDP 电耗下降率较高，迅速地将单位能耗拉低到 60% 水平线以下，表明了该国在提高能源效率上所做的努力。但总体来说，南非与中国目前的单位国内生产总值耗电量仍处于较高值，需要进一步优化升级，合理配置能源要素以促进能源效率的提升，从而实现工业绿色转型。

在污染排放方面，通过搜寻《中国环境统计年鉴》《中国统计年鉴》《中国工业统计年鉴》以及相关的数据库，均未能找到各国历年来二氧化硫等工业"三废"指标，而世界银行数据库中记载了世界主要国家二氧化碳排放量、单位 GDP 二氧化碳排放量和制造业和建筑业的二氧化碳排放量占比。在这里主要将对这三项指标进行数据的整理和分析，形成图 2-33、图 2-34 和图 2-35，年份

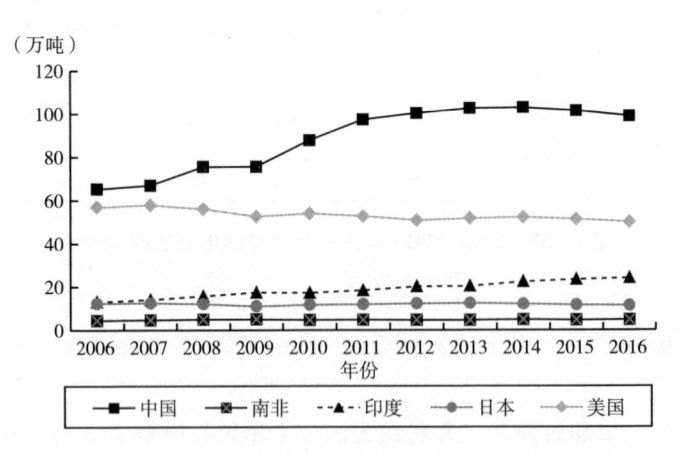

图 2-33　2006~2016 年二氧化碳排放量的国际对比

资料来源：世界银行数据库，结果由笔者整理而得。

区间设定为 2006~2016 年。

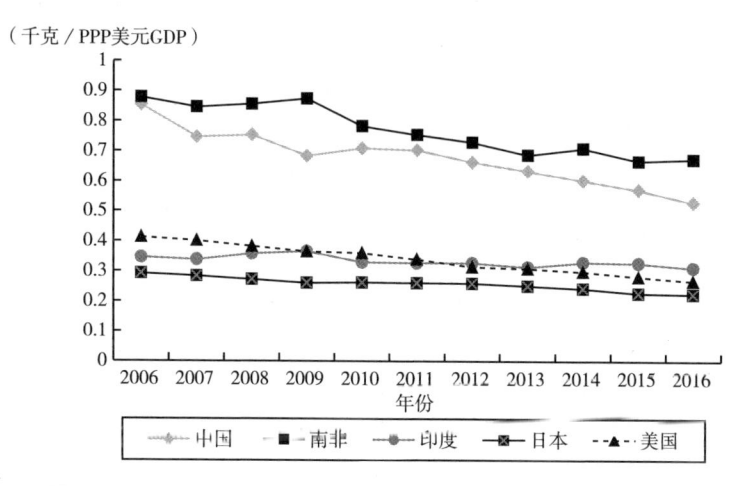

图 2-34　2006~2016 年单位 GDP 二氧化碳排放量的国际对比

资料来源：世界银行数据库，结果由笔者整理而得。

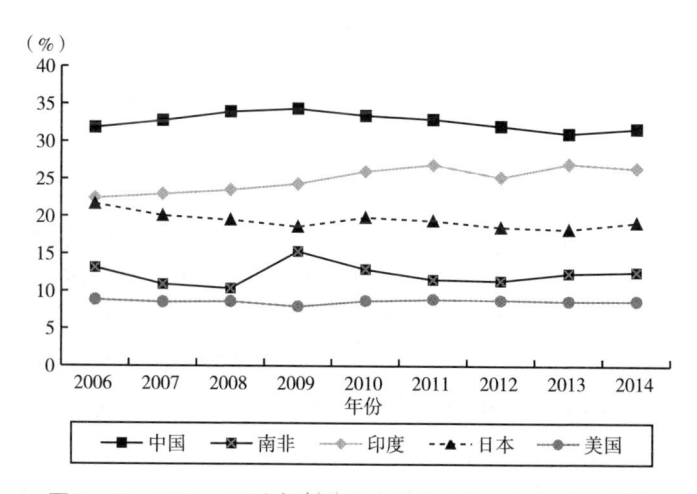

图 2-35　2006~2014 年制造业和建筑业的二氧化碳排放量占总燃料燃烧的百分比

资料来源：世界银行数据库，结果由笔者整理而得。

通过对比2006~2016年各国二氧化碳的排放量可知，我国历年的二氧化碳排放量值远大于其他国家，并且显示着继续向上发展的趋势（见图2-33）。其次为美国、印度、日本和南非。尽管美国的二氧化碳排放量在所列国家中排名靠前，但处于下降的趋势，并且始终低于60万吨。而印度、南非和日本的每年二氧化碳排放量接近，除印度有每年略向上增加的趋势外，南非和日本的二氧化碳排放量趋于低值且稳定。

从单位GDP二氧化碳排放量来看，所列五国均在年份期间有下降的趋势，表明各国在控制污染排放和提高能源效率上有了一定的措施，并取得了相对显著的效果，特别是中国与美国，在2006~2016年，单位GDP二氧化碳的排放量快速下降，从90%左右的占比量下降到70%和50%上下，降低污染排放的成效极为显著。但值得注意的是，尽管中国与美国在不断改进以降低污染物的排放，但现阶段的单位GDP二氧化碳排放依然高于其他国家，特别是中国，70%左右的占比代表了每经济发展1美元的GDP将带来0.7千克的二氧化碳量，严重破坏本国的生态环境，且无益于国民经济的可持续绿色发展。而在所列国家中，日本的单位污染物排放量较低，表明该国有较好的科技手段，既保证经济快速发展，同时有效地控制了污染物的产生和排放。

就国家在2006~2016年制造业和建筑业的二氧化碳排放量占比来看，我国在制造业和建筑业的二氧化碳排放量占比较高，说明了制造业和建筑业是我国工业排放污染物的重要源头，所占比重在30%~35%。其他国家占比较高的依次为印度、日本、南非和美国。从图2-33中可以明显地看到，我国的制造业和建筑业排放量比重与发达国家相比相距甚远。特别是与美国相比，美国历年来制造业和建筑业的二氧化碳排放量占比均在10%以下，不到我国的1/3。整体来看，除了印度制造业与建筑业排放量占比有上升趋势以外，其他国家的制造业与建筑业排放量占比指标趋于稳定。

三、我国工业绿色转型存在的问题

通过前面对我国工业发展进程的概述，结合对比分析我国四大区域的工业绿色转型现状和国际发达国家的工业发展现状，本书认为我国工业绿色转型存在着以下几方面的问题。

在工业附加值方面，尽管我国工业增加值大体上呈现逐年上升的趋势，但近年来我国工业增加值增速缓慢。从我国四大地区的工业发展上看，东部地区的工业增加值远高于其他地区，并且工业增加值增速也相对较高。这表明了中部、西部和东北地区现阶段在工业发展中仍处于落后阶段，需要进一步加快发展进程，不仅在工业产业规模上，还是在工业附加值提升上仍有较大空间。通过与国际上重要国家的工业产出对比发现，我国工业增加值占国内生产总值的比重最高，这说明我国仍然把工业经济的发展作为国民经济的最主要支柱，工业经济至关重要。由此来看，我国必须迫切重视到工业在产业转型升级的地位和作用，加快工业绿色转型进程，通过保证工业的高质量发展以推动我国经济方式的转变和经济结构的优化。

在能源消费方面，无论从我国工业的整体能源消耗量来看，还是分地区对比能源消耗现状，我国的能源消费均呈现上升趋势，这表明我国高投入的能源消耗型产业仍较多。而能源消耗增速的逐年降低也反映了我国工业正向节约能源型转变。比较我国的东部，中部，西部以及东北地区，发现中部和东北地区的能源消耗增长率相对较低。与其他国家相比，我国的单位GDP能源消费比重较高，与发达国家存在较大的距离，因此需要着手推进提升资源利用率，提高能源效率。

从环境排放来看，主要考察了工业废水、工业废气以及工业固体废物的污染排放。在工业污染物的排放趋势来看，近年来我国的工业排放量总体上控制良好，工业废水、废气和固体废物的排放与生产量的增加较为稳定。此外，污染物排放量的增长率也呈下降趋势，废气（以工业二氧化硫排放量为例）除 2011 年有所增加以外，其余年份均表现为负增长。工业固体废物产生量在 2013 年、2014 年和 2016 年也出现了负增长，工业废水的排放增速均保持在 10% 以内，且在 2016 年出现负增长。从各地区的分析来看，东部地区与其他地区相比，在工业污染物排放中相对占比较高，在污染物排放的增速上来看，西部地区存在负增长。由此可见，我国的工业污染物排放整体上出现转好的现象，工业经济增长存在向"环境友好型"绿色发展的趋势。但由于我国污染排放基数较大，与其他国家相比仍处于较高水平，污染排放相对较为严重，且工业污染物的排放总量仍在不断上升，因此，控制污染物的排放刻不容缓。

综上所述，从我国工业发展的进程来看，尽管我国近年来在环境规制和能源效率等方面有了很大进步，工业增加值不断提升，但整体来看，我国工业增加值增速减缓，能源资源无法获得高效利用，以及环境污染基数较高，这将严重阻碍我国工业经济向具有"更高质量、更有效率、更加公平和更可持续"特征的高质量方向发展。由此，我国工业绿色转型在价值提升、能源消耗下降和污染物排放减少等方面仍需不断突破和加强。

第三节
技术市场发展的指标选择及结果分析

一、指标选择

技术市场作为所有技术产品的交易总和（柳卸林和贾蓉，2007；张欣炜和林娟，2015），技术市场的交易额集中体现了我国全部技术产品的全部交易情况，也反映了我国技术市场的成熟度水平（刘和东，2006；张汝飞等，2016）。因此本书借鉴已有学者的研究，使用技术市场交易额来反映现阶段我国技术市场的发展状况。其中，技术市场可分为技术开发、技术转让、技术咨询和技术服务市场，交易总额由四个细分市场共同构成。所选样本的年份区间选定为2009~2016年[1]，数据采集取自《中国科技统计年鉴》。

二、结果分析

根据《中国科技统计年鉴》整理后可知（见表2-1），2009~2016年全国技术市场的平均年交易额为185.81亿元，其中技术开发的交易额为66.27亿元，技术转让28.54亿元，技术咨询和技术服务的交易额分别为6.65亿元和84.36亿元。从构成来看，技术服务的交易额占比最高，占比45.4%，其次为技术开发。从经济区域划分来看，东部地区的技术服务交易额344.80亿元远高于全国均值，在技术开发、技术转让、技术咨询和技术服务每个方面领先。其他依次为中部地区、东北地区和西部地区，但均低于全国水平。从各区域技术市场交易的构成来看，东部、中部、西部和东北地区都呈现与均值一样的趋势，即技术服务的交易额占比最高，其他依次为技术开发、技术转让和技术咨询，技术咨询所产生的交易额相对较小。技术市场发展较成熟的四个地区为北京、江苏、广东和上海，技术市场交易额分别为964.38亿元、568.61亿元、453.37亿元、396.52亿元，超过东部地区的均值344.80亿元。

分年份整理的技术市场交易额及构成表来看（见表2-2），在2009~2016年，技术市场发展趋势良好，呈每年递增的趋势，其主要构成部分技术开发、技术转让、技术咨询和技术服务都呈现了一致的趋势。其中，2016年技术市场的总交易额（313.98亿元）相比2009年（74.99亿元）提升了319%，其中技术开发提升了242%，

---

[1] 受限于工业绿色转型的测量指标存在年份缺失，本书将各变量的匹配年份选取至2009~2016年。

我国技术市场发展对工业绿色转型的影响研究

表 2-1　中国 2009~2016 年分地区的技术市场交易额及构成

单位：亿元

地区	技术市场	技术开发	技术转让	技术咨询	技术服务	地区	技术市场	技术开发	技术转让	技术咨询	技术服务
北京	964.38	404.08	41.68	37.59	481.03	湖北	269.81	76.56	29.41	6.72	157.12
天津	239.69	60.62	30.13	11.93	137.01	湖南	81.79	23.96	5.98	2.38	49.47
河北	117.67	33.22	17.42	4.48	62.56	广东	453.37	193.22	84.87	7.72	167.55
山西	116.38	38.65	6.69	3.52	67.53	广西	55.89	14.31	2.18	1.90	37.50
内蒙古	135.97	35.19	16.49	6.73	77.56	海南	45.54	10.08	2.42	0.95	32.08
辽宁	250.80	67.00	36.88	17.81	129.12	重庆	186.65	39.13	63.91	5.62	77.99
吉林	49.24	21.29	6.38	1.60	19.98	四川	185.04	56.28	23.33	4.75	100.68
黑龙江	88.63	42.89	9.09	1.59	35.05	贵州	79.12	17.22	4.14	2.95	54.82
上海	396.52	162.52	163.60	5.06	65.34	云南	90.46	36.83	4.18	2.05	47.41
江苏	568.61	228.49	192.08	24.61	123.43	西藏	8.25	2.17	0.25	0.41	5.45
浙江	179.29	80.51	18.49	6.01	74.29	陕西	209.89	91.88	9.54	6.15	102.32
安徽	106.56	40.06	16.67	5.25	44.59	甘肃	86.26	14.72	3.38	4.09	64.06
福建	214.73	39.01	23.33	5.22	147.16	青海	44.02	14.60	2.30	4.05	23.08
江西	79.16	24.29	9.74	2.33	42.80	宁夏	25.02	5.49	3.66	1.93	13.94
山东	268.18	131.14	44.15	13.20	79.68	新疆	73.71	23.08	5.40	2.78	42.44
河南	89.36	25.74	6.85	4.79	51.97	中部地区	123.84	38.21	12.56	4.17	68.91
东部地区	344.80	134.29	61.82	11.68	137.01	西部地区	98.36	29.24	11.56	3.62	53.94
东北地区	129.56	43.73	17.45	7.00	61.38	全国均值	185.81	66.27	28.54	6.65	84.36

资料来源：《中国科技统计年鉴》，结果由笔者整理而得。

· 80 ·

技术转让交易额提升202%，技术咨询交易额提升了389%，技术服务交易额提升448%。可见，技术服务交易和技术咨询交易占据技术市场的比重不断增加，在技术市场发展中发挥越来越重要的作用。

表2-2　　　　2009~2016年平均技术市场交易额及构成　　　单位：亿元

年份	2009	2010	2011	2012	2013	2014	2015	2016
技术市场	74.99	98.17	116.48	181.65	204.62	237.44	259.12	313.98
技术开发	28.96	40.60	56.65	67.66	74.82	80.16	82.19	99.09
技术转让	14.46	18.46	15.17	31.61	31.68	35.17	38.12	43.61
技术咨询	3.03	3.76	5.15	4.81	6.11	7.71	7.83	14.81
技术服务	28.54	35.37	39.51	77.57	92.00	114.40	130.97	156.47

资料来源：历年《中国科技统计年鉴》，结果由笔者整理而得。

第四节

工业绿色转型的衡量指标及结果分析

现有文献包含许多测量工业绿色转化的方法。刘和旺等（2019）测量了人均增加值和每单位资本增加值来衡量转型和升级。郑京海等（2008）、卢艳等（2008）通过衡量全要素生产率来衡量经济发展方式的变化。黄亮雄等（2015）构建了一个高级化的产业结构指数来衡量产业转型升级。卡普林斯基和雷德曼（2005）使用工业增加值来衡量产业转型升级。岳鸿飞等（2017）使用绿色全要素生产率来衡量当地产业的绿色转型。其中，测量全要素生产率的方法包括：随机前沿生产函数法（SFA），数据包络分析法（DEA），索罗余值法和代数指数方法。随机前沿方法和索罗余值法必须遵循一定的前提和假设，并需要设置一定的生产函数，否则结果会产生偏差。但是，代数索引方法仅考虑预期结果，并且容易产生错误的估计。SBM方向距离函数不必设置生产函数的唯一形式，也不需要设置生产者的最佳行为，因此，通过解决投入和产出的松弛问题，它避免了传统数据包络分析法中因径向和角度差异而带来的结果偏差。

在绿色全要素生产率的测算方法中，DEA 方法使用较为普遍（陈超凡，2016；李斌等，2016）。鉴于松弛定向距离的 SBM 函数可以将非期望产出考虑在内，无须考虑测量角度，而全要素生产率指数可以更加清晰地反映当期的生产单元与上一期的相比是否更加接近生产前沿，因而，基于 SBM 方向性距离函数的全要素生产率指数测算绿色全要素生产率具有明显的优势。基于此，本章借鉴岳鸿飞等（2017）的测算指标，采用该全要素生产率指数测算地级市工业绿色全要素生产率，以作为地方工业绿色转型的代理变量。

一、测度方法

在这里，中国每个地级市都被视为一个决策单元生产前沿（DMU）。假定每一个 DMU 均有投入向量、期望产出向量及非期望产出向量，N 种投入 $x = (x_1, \cdots x_n) \in R_N^+$，生产出 M 种期望产出 $y = (y_1, \cdots y_m) \in R_M^+$，以及排放 I 种非期望产出 $b = (b_1, \cdots b_i) \in R_I^+$，每个横截面的观测值权重为 λ_k^t。

$$p^t(x^t) = \{(p^t, b^t) : \sum_{k=1}^{k} \lambda_k^t y_{km}^k \geq y_{km}^t, \forall m \sum_{k=1}^{k} \alpha_{km}^t b_{km}^t, \forall i; $$

$$\sum_{k=1}^{k} \lambda_k^t x_{km}^t = x_{km}^t, \forall n; \sum_{k=1}^{k} \lambda_k^t = 1, \lambda_k^t \geq 0, \forall k\} \quad (2.1)$$

其次，根据托恩（Tone，2003），设定考虑能源环境的 SBM 方向性距离函数，具体的表达式为：

$$\overrightarrow{s_v^t}(x^{t,k'}, y^{t,k'}, b^{t,k'}, g^x, g^y, g^b) = \max_{s^x, x^y, s^b} \frac{\frac{1}{N}\sum_{n=0}^{N}\frac{s_n^x}{g_n^x} + \frac{1}{M+1}\left[\sum_{M=1}^{M}\frac{s_m^y}{g_m^y} + \sum_{t=1}^{t}\frac{s_i^b}{g_i^b}\right]}{2}$$

$$s.t. \sum_{K=1}^{K} \lambda_k^t x_{kn}^t + s_n^x = x_{k'n}^t, \forall n; \sum_{K=1}^{K} \lambda_k^t y_{km}^t - s_m^y = y_{k'm}^t, \forall m;$$

$$\sum_{K=1}^{K} \lambda_k^t b_{ki}^t + s_i^b = b_{k'i}^t, \forall i; \sum_{K=1}^{K} \lambda_k^t = 1, \lambda_k^t \geq 0, \forall k;$$

$$s_n^x \geq 0, \forall n; s_n^y \geq 0, \forall i \quad (2.2)$$

其中,$\vec{s_v^t}$ 表示的是 VRS 下的方向性距离函数,如果去掉权重变量和为 1 的制约,则使用 CRS 下的方向性距离函数。($x^{t,k'}$, $y^{t,k'}$, $b^{t,k'}$)表示投入产出变量,(g^x, g^y, g^b)为方向变量,(s_n^x, s_m^y, s_i^b)是松弛变量,反映了工业部门投入冗余与期望产出不足、非期望产出过剩的程度,还可以测量距观察点的最佳距离的偏差。松弛变量的值总是大于等于零,值越大,就表明投入过剩的情况越严重,工业期望产出越多,同时非期望产出也会越多。因此,当松弛变量中每个元素都为 0 时,观测值最优。

根据钟等(Chung et al.,1997)的测算方法,本章可以得到 t 期和 $t+1$ 期的绿色全要素生产率的 ML 指数为:

$$ITU = ML_t^{t+1}$$

$$= \left[\frac{\{1 + D_0^t(x^t, y^t, b^t, g^t)\}\{1 + D_0^{t+1}(x^t, y^t, b^t, g^t)\}}{\{1 + D_0^t(x^{t+1}, y^{t+1}, b^{t+1}, g^{t+1})\}\{1 + D_0^{t+1}(x^{t+1}, y^{t+1}, b^{t+1}, g^{t+1})\}}\right]^{\frac{1}{2}}$$

$$(2.3)$$

其中,x 分别表示工业部门的投入变量,包括资本、劳动和能源,工业期望产出变量 y 用工业总产值来度量,工业非期望产出包括碳排放与工业废水排放量、工业烟尘排放量和工业废气排放量,g 为方向向量。

二、数据说明

按照上述理论方法,本书选取 2008~2016 年我国 284 个地级市的相关数据,拉萨等城市由于数据缺失,未将其纳入研究。要素投入、期望产出和非期望产出的基础数据来源于国务院发展研究中心信息网、《中国城市建设统计年鉴》、《中国城市统计年鉴》，数据的描述统计如表2-3所示。变量的选取如下：

第一是资本投入，参照董敏杰等（2012），李斌等（2013），原毅军和谢荣辉（2015）的做法，使用规模以上工业企业的年平均净资产价值作为资本存量的估计。第二是劳动投入，采用了第二产业的就业人数被选作替代变量。第三是能源投入，选择城市工业用电量作为替代变量。第四是期望产出，选择城市的工业总产值作为替代变量。由于能源消耗和环境污染发生在整个行业的整个生产过程中，因此既包括工业增加值，又包括中间产品（董敏杰等，2012）。因此，本章选择工业总产值作为预期产出。第五是非期望产出，本章选取了工业废水，工业烟尘排放量和工业二氧化硫排放量作为非期望产出。

表2-3　　地区工业投入与产出变量的描述统计

变量名称		样本	均值	标准差	最小值	中位数	最大值
资本投入	固定资产值（万元）	2 556	938.92	1 137.04	4.53	580.96	9 191.81
劳动投入	工业从业人员（万人）	2 556	25.84	36.75	0.43	14.21	429.13
能源投入	工业用电（万千瓦时）	2 556	58.34	90.389	0.05	29.38	805.76
期望产出	工业总产值（万元）	2 556	3 037.62	4 245.23	0.00	1 578.07	32 445.20
非期望产出	工业废水排放量（万吨）	2 556	7 257.7	8 713.84	7.00	4 782.00	86 804.00
	工业烟尘排放量（万吨）	2 556	3.58	15.00	0.00	1.95	520.00
	工业二氧化硫排放量（万吨）	2 556	5.12	5.37	2.00	4.21	62.70

资料来源：笔者整理。

三、测算结果和评价

本章采用了考虑非期望产出的非径向非角度SBM方法，对

2008~2016年我国284个城市的绿色全要素生产率、技术进步和技术效率进行测算。由于各地区在统计当年数据时不可避免地出现数据录入失误,为了缓解异常值的影响,本章在测算时对数据进行了缩尾处理,测算结果如表2-4。

表2-4反映了我国东部、中部、西部地区工业绿色转型指数(ITU)、技术效率(EC)和技术进步(TC)的增长指数。通过测算结果可知:2009~2016年中国地级市历年平均工业绿色转型指数为1.13,中部地区测算的平均工业绿色转型指数高于其他地区,为1.15。东部地区的工业绿色转型指数为1.13,与全国均值相当,为1.15。西部地区的平均工业绿色转型指数为1.12,落后于东部地区1.13和中部地区1.15。在技术效率指数方面,全国的技术效率指数均值为1.16,中部地区最高,为1.18。其余顺次为东部地区(均值1.14),西部地区(均值1.16)。在技术进步指数方面,全国的均值在1.15,东部地区与其他地区相比较为领先,平均指数值为1.17,中部地区为1.14,西部地区为1.15。整体来说,中国的工业绿色转型指数增长率呈上升趋势,历年的平均增长率为13%。工业绿色转型指数的增长依托于技术进步的增长,其年平均的增长率为15%,技术效率的年平均的增长率为16%,东部、中部、西部都呈现了较好的发展趋势。

表2-4 中国2009-2016年分地区的工业绿色转型指数及其分解

地区	ITU	EC	TC	地区	ITU	EC	TC	地区	ITU	EC	TC
北京	1.27	1.12	1.27	海南	1.36	1.31	1.22	广西	1.20	1.26	1.15
天津	1.15	1.24	1.20	山西	1.02	1.05	1.11	重庆	1.12	1.20	1.13
河北	1.07	1.13	1.17	吉林	1.23	1.26	1.17	四川	1.16	1.18	1.14
辽宁	1.00	1.04	1.17	黑龙江	1.09	1.15	1.16	贵州	1.15	1.24	1.16
上海	1.06	1.05	1.08	安徽	1.18	1.20	1.16	云南	1.12	1.14	1.12
江苏	1.12	1.10	1.15	江西	1.13	1.17	1.09	陕西	1.20	1.18	1.12
浙江	1.09	1.11	1.15	河南	1.16	1.20	1.15	甘肃	1.05	1.08	1.13

续表

地区	ITU	EC	TC	地区	ITU	EC	TC	地区	ITU	EC	TC
山东	1.10	1.13	1.15	湖北	1.20	1.21	1.13	青海	1.05	1.15	1.17
福建	1.14	1.18	1.12	湖南	1.15	1.18	1.11	宁夏	1.12	1.20	1.19
广东	1.11	1.11	1.14	内蒙古	1.15	1.18	1.17	新疆	0.99	1.00	1.14
东部	1.13	1.14	1.17	中部	1.15	1.18	1.14	西部	1.12	1.16	1.15
全国均值	1.13	1.16	1.15	—	—	—	—	—	—	—	—

资料来源：笔者整理。

从我国地级市年平均工业绿色转型指数及分解表（见表2-5）来看，我国2009~2016年每年的工业绿色转型指数均在1以上，较上一年呈上升趋势，其中，2010年的工业绿色转型指数最高，约为1.33，表示2010年的工业绿色转型指数增长33%。工业绿色转型指数依次排名分别为2010（1.33）、2016（1.25）、2011（1.17）、2012（1.11）、2014（1.07）、2015（1.05）、2009（1.03）、2013（1.02）。

表2-5　　中国地级市2009~2016年平均工业绿色转型指数及其分解

指数	2009年	2010年	2011年	2012年	2013年	2014年	2015年	2016年
工业绿色转型指数	1.03	1.33	1.17	1.11	1.02	1.07	1.05	1.25
技术效率指数	1.01	1.48	0.86	1.02	1.37	0.57	1.82	1.09
技术进步指数	1.03	0.91	1.41	1.09	0.76	2.14	0.64	1.17

资料来源：笔者整理。

图2-36将2009~2016年的年均工业绿色转型指数与分解项放在同一坐标轴上，可以直观地看到，工业绿色转型指数将受到技术效率指数和技术进步指数的共同影响，每年的工业绿色转型指数相对趋于平稳。值得指出的是，与夏良科（2010）等学者对于工业行业技术效率对生产率的贡献持续下降的观点及原毅军和谢荣辉（2016）认为的中国绿色发展主要依赖于技术进步而非技术效率的

第二章　中国技术市场发展与工业绿色转型的特征事实

改进等观点不同，本章通过测算发现，技术效率在 2009~2019 年呈现了一定的增长，除 2011 年及 2014 年外。

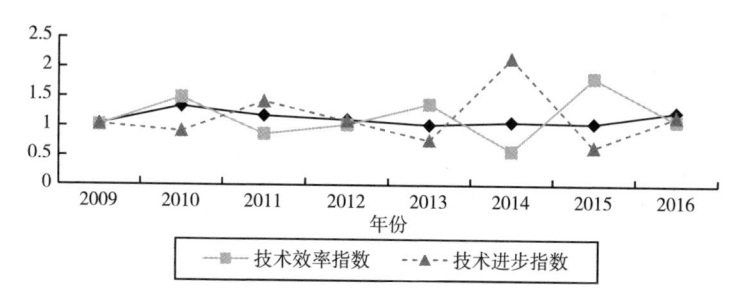

图 2-36　中国 2009~2016 年均工业绿色转型指数及其分解
资料来源：笔者整理。

综上所述，自 2009 年以来，中国工业绿色转型进程正稳步向前，绿色转型的动因一部分来自技术进步，另一部分来自技术效率的提升。技术效率对工业绿色转型的作用正呈现越来越重要的趋势。分区域来看，中部地区的绿色转型进程较快，年均增长 15%，西部地区的进程相对落后，年均增长在 12% 左右。分时间来看，2010 年全国的工业绿色转型成效较显著，增长率达到 33%，进程相对缓慢的为 2013 年。

第五节

本章小结

本章从典型事实角度对技术市场发展对工业绿色转型的影响展开研究。内容主要包括了对技术市场发展的现状分析、我国工业绿色转型进程与存在问题、技术市场发展的指标选择、工业绿色转型的衡量指标及结果分析。本章根据中国工业的具体数据，通过对全国整体概况的分析和对东部、中部、西部和东北部地区的展开分析，考察了我国技术市场发展与工业绿色转型的现状、特点及存在的问题。本章节的主要研究结论有三点。

第一,技术市场发展现状方面。近几年我国技术市场发展迅猛,市场占有率持续扩大,技术交易合同数和技术交易金额迅速增长。随着技术交易的日趋活跃,技术交易的质量也得到了显著提升,涉及知识产权类技术与国家战略性新兴产业领域类技术在我国技术交易市场中占主导。企业作为技术市场的双向交易主体,在供求市场和需求市场都占据了主要比重。但我国技术交易发展"大而不强",发明专利类技术增长缓慢。在技术市场细分市场中,技术开发市场主导地位逐步减弱,在技术交易合同数量和技术交易总额中被技术服务市场赶超。在技术开发市场构成中,委托开发为主要的交易模式,合作开发类交易比重极低。区域比较来看,东部沿海城市为技术输出和技术流入的主要地区,历年来的技术交易数量和规模在全国占比最高。

第二,工业绿色转型进程方面。我国工业经济稳步增长,其中,东部沿海地区的工业经济基础最强,占全国的经济总额最高,但工业经济的增长速率不及中国中部地区和西部地区。能源消费上,我国整体的能源消费总量正不断增加,但能源消费总量的增加率有下降趋势,其中,东部地区的能源消费最高,东北地区耗能最低。就污染排放而言,除我国工业污染物中的二氧化硫的排放量呈现出下降趋势外,工业废水和工业固体废弃物的排放继续增加。而工业三废的排放量增长率呈下降趋势。通过与国际重要国家的对比后发现,我国工业经济占国民经济的比重最高,单位 GDP 的能耗较高,不论在工业废水、工业废气,还是工业固体废物的排放量上都远高于其他国家,说明我国长期以来高能耗、高排放的经济增长模式并没有得到很好的改善,工业绿色转型进程迟缓,亟须进一步加强和优化。

第三,通过对全国各地区的技术市场发展和工业绿色转型的衡量后发现:全国各地区的技术服务交易和技术咨询交易占据技术市场的比重不断增加,在技术市场发展中发挥越来越重要的作用。其中，技术市场发展较成熟的四个地区为北京、江苏、广东和上海。从工业绿色转型指数上来看，中部地区高于东部地区和西部地区。工业绿色转型指数的增长主要依托于技术进步的增长。从技术进步指数来看，东部地区的技术进步指数高于其他地区，而在技术效率指数方面，中部地区最高。相比而言，西部地区的工业绿色进程不论在技术进步还是在技术效率方面较弱，低于全国平均水平。

第三章

技术市场发展影响工业绿色转型的理论分析

第一节
技术市场发展的运行机制

技术市场的运行机制主要包括供求机制、价格机制、竞争机制和风险机制（见图 3-1）。供求机制是技术供应商与需求者之间的联系纽带，供求关系的变化对市场行为具有重要而决定性的意义。在市场信息不断反馈的情况下，价格机制影响技术商品供需双方的决策，是技术资源分配的重要指导机制。竞争机制主要表现在技术产品的供需双方之间的竞争以及供求关系中的竞争，而技术交易的公平是通过市场运作来实现的。此外，由于技术创新本身具有技术

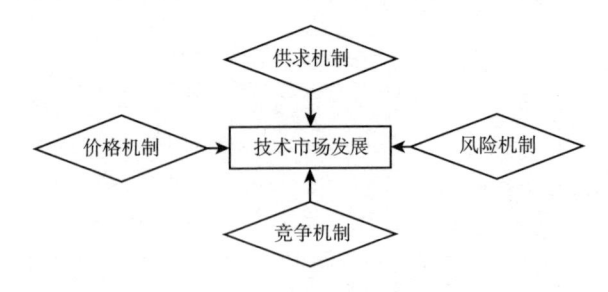

图 3-1 技术市场的运行机制

资料来源：笔者整理。

风险，工程风险和市场风险，并且风险因素相对较高，因此风险机制的影响有助于企业利用市场规则做出合理的判断，不仅可以避免市场风险，而且还可以与竞争机制协作，实现优胜劣汰以提高技术产品的质量。技术市场的四种市场机制共同作用，充分利用技术资源并实现最佳分配效率。

一、技术市场的供求机制

技术市场的供需关系是市场机制的重要组成部分。技术市场中的供需关系将技术所有者、技术寻求者和中介机构联系在一起，着眼于市场的变化和技术市场的需求，确定每个实体的市场行为，并决定技术产品的价格以及市场中不同实体形成的竞争关系。

就数量关系而言，企业通常对技术产品有更高的需求。如果当时某个特定技术产品的供应量超过了市场需求，那么社会将无法识别与之相关的部分价值。因此，必须以低于其价值的价格出售该技术产品。某些技术产品的供应不能满足社会的需求，其结果则与之相反。在技术商品市场中，技术产品的供求关系不是完全一致的，这形成了客观互动和供求关系之间移动的过程。从给定时期的总体观点来看，供求必须保持一致和恒定。原因是商品技术市场中的矛盾在供求关系中不断变化。在结构关系方面，本章主要从两个方面进行讨论。首先，通过解决技术产品总供求中的结构性平衡问题，技术产品的需求结构应当与供给结构和国民经济的产业结构应协调一致，应该解决技术产品的总供求关系。供求平衡的问题，就是在一段时期内调整技术产品供求结构的问题。在时空关系上，技术的供需都需要一个过程，技术供给尤其如此。科学技术发展的周期往往较长，因此，供需双方在时间上无法严格保持同步。其次，由于科技含量高、风险大以及科技供给主体的局限，对科技的需求很少在当地得到满足，而技术资源往往需要在地区、全国、甚至全球范围内配置，这给供需双方提供了一定的空间。

二、技术市场的价格机制

技术市场上，技术产品具有垄断价格。通常，影响技术商品价格的因素应包括五个方面。第一，技术开发成本。技术开发成本包括研发过程中的成本，包括材料成本，设备购买成本，数据成本，差旅成本，人工成本，培训成本，咨询成本等。第二，技术转让费用，这些费用包括技术数据（设计材料，说明，图纸，维护手册等），技术交易费用（旅行公证，广告，场所租赁等）和其他费用。相反，技术转让的成本更容易确定，也更容易被购买者接受。第三，服务费。技术产品是一整个知识系统。贸易不仅是商品交换的过程，还是学习，传播和掌握的过程。因此，这是技术产品买卖双方之间的长期合作过程。在技术实施和应用过程中，技术人员必须支付人工成本，派遣人员进行现场安装和调试，教育人员，提供技术指导，开发市场等。第四，机会成本。技术转让可能导致技术产品在某些领域丧失全部或部分销售机会，从而给技术企业造成损失。供应商需要其为技术商品支付一定的转让成本，即机会成本。机会成本很难准确估算。一些制造商重视机会成本，仅在产品发布的最初阶段就出售产品而不进行技术转让，并且在收回开发成本或在出售产品后获得丰厚利润后转移到其他国家。第五，垄断利润。垄断利润受到了市场需求状况、垄断销售水平和消费者承受能力的影响。垄断性利润过高往往妨碍技术交易，同时替代技术的出现也使技术拥有者时刻面临巨大的风险。

价格机制在信息传递层面的作用有：一是从技术价格映射出市场对技术资源的需求状况。在影响技术市场的各种因素中，价格信号最快速、最敏感，发挥着"调整器"的作用，当技术供应超过需求时，技术价格下降，而当技术供应不足时，价格上升。二是技术的价格可以有效地反映出新型技术得到的认可度。技术的价格越高表明技术的附加值越高，对企业的生产运作有较大的帮扶作用，企业的认可度也相对较高。技术的价格通过价格引导机制影响技术的供需关系，从而调节生产方向和生产规模，根据引导供需双方通过技术价格的涨落直接调整产品结构和生产规模，实现技术资源的优化配置。

三、技术市场的竞争机制

市场经济的本质属性就是竞争，它的内涵就是不同产权利益主体之间的协调过程。技术市场的竞争主要有三种形式。第一，技术提供者之间的竞争。技术产品的技术市场通常是垄断竞争市场，因此这种垄断竞争不同于完全竞争市场，并且具有不同的特征。由于产品差异很小，在完全竞争的市场中固定型号产品基本相同。该行业的整体技术水平相对较低，因此价格竞争通常是主要重点。在技术市场上，供应商提供不同级别的产品和技术，因此制造商之间的竞争更加接近技术水平。第二，需求方面的竞争力。需求方竞争力的来源是经济实力和购买技术的意愿，而真正的来源是使用购买的技术的制造商的边际产出。技术的边际产出越高，企业之间的竞争就越激烈。就技术需求而言，竞争的直接结果是技术价格上涨。第三，技术供需双方的竞争。市场上最为基础的竞争形式就是买卖双方之间的竞争。通过生产者和消费者之间的互动和激烈的竞争，可以有效地利用技术资源来实现更有效的分配。

技术交易通过竞争机制实现"外部强制力"，通过竞争机制发送的经济信号（包括价格、汇率、利率等）可以影响技术供给方的经济策略，对技术市场的运行具有促进作用。竞争机制保证了价格机制的全面发展，使得技术产品获得较为合理的定价，充分发挥了市场的自我调节功能，保障了企业在技术市场竞争关系的公平性。

四、技术市场的风险机制

与其他市场相比，由于技术创新和新产品开发过程中的许多不确定因素，技术市场的风险更大。常见的技术创新的主要风险有三种。第一，技术风险。就技术商品的需求而言，低水平的设备、落后的技术和不完善和不匹配的零件是生产阶段的主要风险来源。第二，工程风险。技术转让要求供应商在技术转让过程中向买方提供商业信息，这可能会造成信息泄露问题，并对买方或第三方构成威胁，此外，购买者可能会面临技术产品的实际有效性与预期消费之间的差异带来的风险。第三，市场风险。主要包括市场启动的困难、市场需求的实时变化和技术水平的不充分，都将带来严重的发展市场。买方要考虑的关键问题包括技术产品的投资配额和投资回收期、技术产品之后的管理和运营、技术产品的了解掌握和再开发、技术产品的转换、国际市场上的竞争以及跨国企业的进入等许多因素。

风险机制对供需双方施加了压力，使企业可以权衡风险和机会，并选择承担市场风险。由此可见，风险机制在技术市场发展中具有必要性和重要性。充分发挥技术市场的风险机制，每个市场实体都按照市场规则进行交易，就能规避市场风险，并保持商品技术的有效定位和市场选择功能。

第二节
技术市场发展对工业绿色转型的影响机制

在社会主义市场经济体制中，技术市场占有举足轻重的地位，它不仅扮演着生产要素市场的角色，同时也成为促进科学技术资源和经济资源合理配置、科技成果转化的关键路径，是我国科学技术体制改革中实现技术商业化的重要突破口，最后更是解决我国技术创新所面临问题的高效途径。技术市场作为技术交易的重要平台，为企业提供用于交换或产业化的技术产品。通过以市场为导向的经营来交换技术成果，就可以完成从劳动产品向技术产品的转变，并获得技术在生产和经营活动中的经济利益。

通常，技术交易过程分为四个步骤。第一步：信息收集和匹配。技术供求双方都可以通过自己的信息资源，关系网络或技术中介机构找到合适的贸易伙伴。如果他们中的任何一个都可以满足对方的需求，则双方将进入下一步，否则他们将继续搜索。第二步：谈判阶段。它是指技术交易双方之间就技术交易合同条款的履行机制进行的沟通和协调。其内容包括交易技术的定义，专有条款，支付方式，担保和仲裁条款的谈判。第三步：技术的实际转移。它通常包括产权的转让，例如技术或所有权使用权的实际转让，明示知识和隐含知识。第四步：技术吸收，应用和实施阶段。它代表了技术购买者将所获得的技术投入生产和市场化的步骤（见图3-2）。

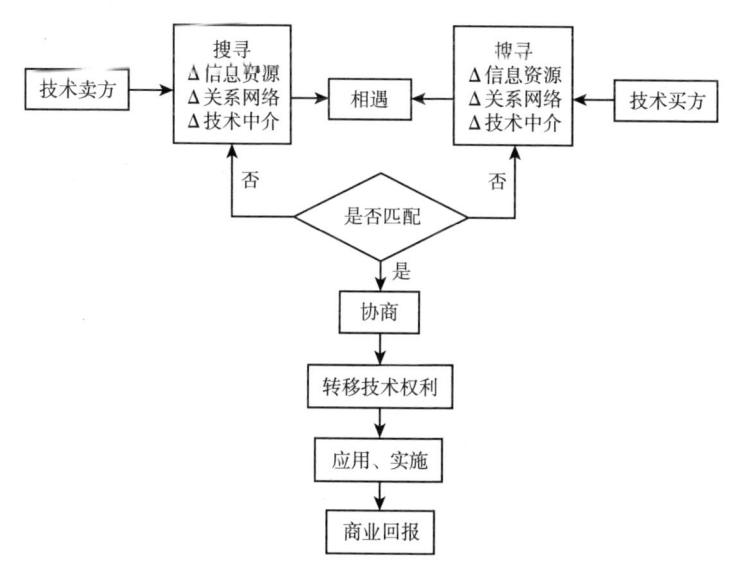

图 3-2 技术交易的基本流程

资料来源：笔者整理。

技术转让可以通过技术交易来完成。将技能知识和相关元素转移到应用程序中。技术转让一般发生在两家企业之间的转让，从实验室到企业产品的技术转让，或不同市场中两家企业之间的专利转让。技术转让一般都是有偿的，而非商业的技术转让通常是无偿的，主要通过跨国的技术合作和技术支持、专业的交流和培训以及学术会议等途径进行（见图3-3）。

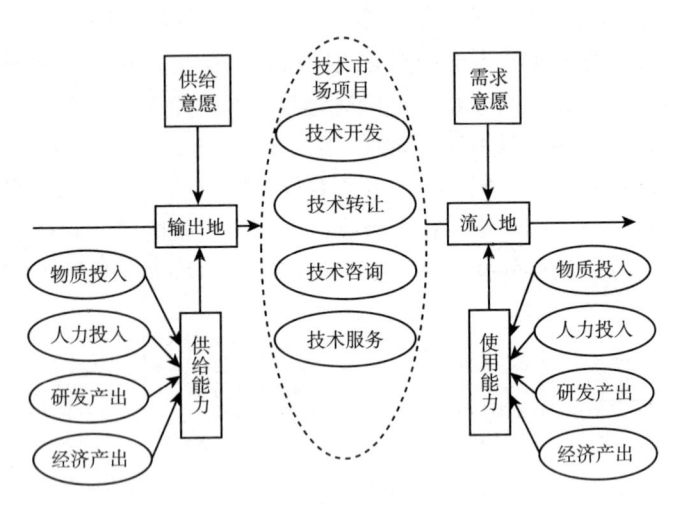

图3-3 技术市场项目模型

资料来源：笔者整理。

工业绿色转型是转变经济发展方式的关键，是实现工业化新型道路的必然要求。工业转型和进步的关键在于增强企业的技术创新能力，在传统产业的基础上培育和发展新产业，适应和优化产业结构。技术市场是科技成果的市场化交易平台，通过技术交易实现技术转让，使企业能够提高技术进步和技术效率，为工业绿色转型提供基础（见图3-4）。

一、技术市场发展促进技术进步及技术效率提升

技术进步是指通过持续的技术发展和改进而改变新旧技术的过程。技术进步指数（TC）表示的是生产技术在生产系统中从 t 到 $t+1$ 期间的变化程度，即生产技术的创新程度。当 $TC>1$ 时，则表

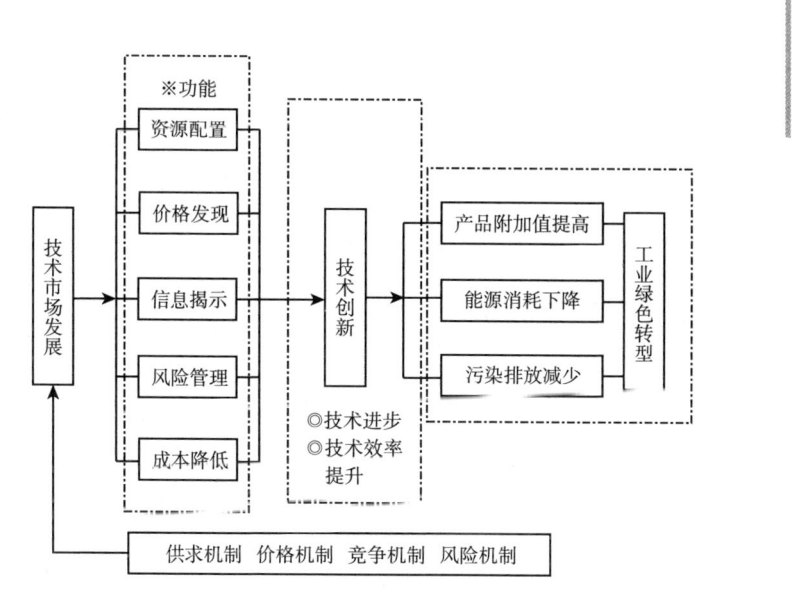

第三章 技术市场发展影响工业绿色转型的理论分析

图 3-4 理论分析框架

资料来源：笔者整理。

示生产过程已改善，否则，表示生产过程已恶化。由于科学技术的进步，技术效率反映了生产效率的提高以及有效利用当前资源的能力。这意味着在指定的投入分配或价格和生产技术条件下，生产部门的最高生产水平。技术效率变化指数（EC）表示在恒定的投入配置条件下相对效率的变化，衡量了生产系统从时期 t 至 $t+1$ 的生产边际提升率。

技术市场的发展对于推动技术创新取得技术进步以及提高技术效率至关重要。原因有五个方面。

第一，技术市场优化了资源配置，提高了技术效率。长期性、高风险性和极其复杂性的过程是技术创新的突出特征。因此，创新活动是需要收集、整合和管理多种资源的过程和系统活动。最大化利润和最大程度地利用资源是市场资源分配的基础。同时，利用市场机制进行资源分配可以显著减少人为因素的干扰。技术市场在分配技术产品资源方面起着根本性的作用。具体而言，技术产品是生产要素的产品，需要相对复杂的过程才能将其转换为有形产品，但创新代理必须承担很高的经济风险。因此，研究市场因素变得非常有必要，通过市场机制可以有效地分配技术资源。技术市场有效地将各种服务组合到系统中后，便为技术资源的分配创造了良好的环境，为技术资源提供了保证。在技术创新涉及大量资源分配任务的情况下，技术市场的存在为参与技术交易的各种创新者提供了便利，技术市场机制的有效运作可以促进最优技术资源的分配。

第二，技术市场的价格发现功能促进了技术交易并加速了技术进步。价格发现是指反映社会需求和供给的真实、系统、全面、动态和权威的价格，并最终通过利用特定的市场领域进行公开和标准化的竞争性交易而形成。在技术市场中，技术价格不受管制或创造。技术市场中介机构与技术创新者进行沟通，并在充分研究，分析和判断技术产品成熟度和适销性之后价格被"发现"。换句话说，在参与技术创新的过程中，技术市场通过谈判形成了技术的真实价格，而同时，技术的真实价格是买卖双方之间信息交流的结果。客观、合理的技术价格只能在发达和完善的技术市场中"发现"，技术市场的价格可以真正成为双边交易的基础。这种"发现的"技术的价格最终将成为实际价格。

第三，技术市场中信息的审查和披露为技术交易提供了保护。技术市场供需双方的信息不对称和不完整是打击技术创新的主要原因。信息不对称意味着在技术创新的过程中，技术创新者拥有其他实体未知或是无法验证的信息和知识。信息的不确定性增加了技术发展和技术创新过程的内在固有风险，将会导致无法预见的后果。对于合同的所有当事方来说，这些不确定因素都是未知的，并且在签订合同之前很难预见和起草合同，因此可以在签订合同的过程中对合同进行修改或协商。不确定性是创新的特定属性。一方面，它与技术创新过程中时间的不可预测性有关，也与市场需求结构的复

第三章 技术市场发展影响工业绿色转型的理论分析

杂变化有关。另一方面，技术创新的不确定性与商业周期的不确定性因素密切相关。技术市场使用更加科学严谨的评估系统来客观地评估交易对象的价值，并使用有效的技术产品信息管理系统来严格检查和审查发布在市场中的信息以验证产品的真实性和技术信息的可靠性。通过发现技术产权真实价值的机制，减少了弱势的市场参与者因信息不对称而遭受的损失。技术市场中的相关机构可以通过高效的交易信息服务平台以"多对一"和"一对多"的方式协商和竞标同一交易目标，并通过拍卖等形式来改善信息机制。交易信息的完整性最终将有助于解决信息不对称问题。

第四，技术市场具有风险管理功能，可以很大程度上规避由于技术创新带来的风险。常见的技术创新风险主要来源于：技术项目的复杂性和难操控性、市场环境的不确定性、创新能力的局限性等。具体而言有五种。第一种是技术风险。由于技术缺陷或不完善的相关设施引起的风险称为技术风险。第二种是财务风险。在技术创新投资时可能遇到融资失败、资金使用和赎回的诸多问题，可能导致技术创新的失败。第三种是组织结构风险。组织结构风险是指由于企业组织结构无法支持技术创新，或由于企业创新战略引起的变化而导致的风险。为了顺利达到技术创新的目标，企业需要在技术创新过程中及时调整内部组织结构。否则，企业的组织结构将会落后于企业快速发展的要求。第四种是管理风险。管理风险是指由于决策错误和内部组织管理不当等问题而引起的创新风险。第五种是市场风险。新技术的产生将面临未知的市场需求，而且不同类型的创新产品可能存在不同的市场风险。在技术创新过程中，创新者通常很难承担所有风险。为了技术创新的稳定发展，必须采取有效措施减少和分散技术创新的风险。而技术市场分散了技术创新的风险，并增加了技术创新风险的回报，因此技术市场是降低技术创新风险的重要制度措施。图3-5显示了用于降低技术创新风险的技术市场开发机制。在技术市场发展的过程中，技术贸易的范围不断扩大，技术的种类和数量也在不断增加，供求信息的开放性和透明性使企业可以做出更好的选择。此外,技术市场是技术创新成果的市场化与产业化之间的纽带,并且已经建立了具有技术和经济之间服务功能的中间过渡系统。

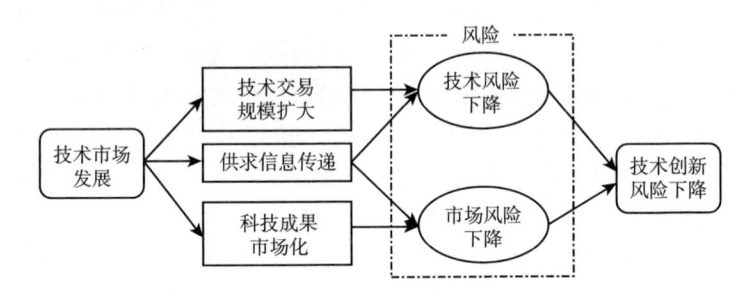

图3-5 技术市场风险管理功能的实现路径

资料来源:笔者整理。

第五,技术市场有效降低了技术的交易成本,为企业技术创新保证了必要的资金支持。在许多交易环境中,有效执行交易的能力与交易成本密切相关。由不同经济实体共同进行的信息收集、业务谈判和其他活动的成本,称为交易成本。交易成本可以进一步细分为交易前和交易后成本。前者包括与市场有关的交易成本,例如合同起草,谈判和决策成本,而后者则包括由于与所需标准之间的差异而产生的不可调整的成本。具体来说有三种。第一种是信息成本。技术市场中介机构可以利用优秀的专业评估技术进行评估活动,强大的信息获取和信息处理能力可以有效地促进买卖双方之间的信息交流,促进经济体系中技术创新的顺利进行,降低了基于信息收集大量信息的成本。第二种是活动监督的成本。诸如知识产权评估机构之类的技术中介可以独立于买卖双方而存在。同时,这些机构的主要职能包括提供专业服务,提倡公平竞争,评估和审查企业运营和财务报表,有效地监督技术交易过程,降低监管成本并提高监管效率。第三种是转让成本。与其他投资不同,技术创新资产具有很强的特殊性,可能导致与技术创新项目相关的资源投入的流动性不足以及转让成本较高。但是，通过技术市场的合理制度安排，可以极大地提高技术创新资产的流动性，从而使流动资产转化为生产所需的大量长期资本。

二、技术市场发展通过技术进步和技术效率提升促进工业绿色转型

工业绿色转型的关键在于工业能耗降低、工业污染排放物减少和工业产品附加值提升。

理论上，技术市场发展可以从三个方面降低工业能源消耗。第一，通过技术市场的发展促进技术进步，可以有效地提高工业能源效率。技术市场的发展可以有效地促进技术进步，技术进步通过技术创新和能源设备的改进，通过节约能源实现了能源要素的充分利用，并实现了能源要素的优化配置，对促进能源效率具有积极作用。第二，技术市场发展对工业结构升级的促进作用有助于工业能源消耗下降。科技成果通过技术市场推广到整个产业，可以有效地解决新技术与主流产业和关键设备、产品的契合等问题，加快技术成果的转化和转移，加速技术扩散、优化生产要素配置，可以降低高能耗传统企业的比重，战略性新型企业增加使得工业结构呈现升级趋势，对产业结构的调整起到重要作用。工业结构的升级降低了工业消耗的强度，减缓了当地工业的能源消耗和环境污染。第三，能源科学领域的技术交易可以促进能源消费结构的优化和单位能源消耗的下降。当前我国的能源消费以煤炭为主导，绿色能源技术的交易可以降低生产活动的碳排放，这其中包括新型煤燃烧和发电技术、新型清洁技术和整体煤气化联合循环技术等。高新技术的开发和使用最终将建立一种以化石燃料为主体、可再生能源与新能源并存的能源消费结构。这将极大地提高能源效率，是实现区域节能和减排的有效措施。

技术市场发展可以减少工业污染物的排放。这种影响主要体现

在三个方面。第一，技术市场发展通过技术内生增长、技术扩散以及对资源配置的基础性作用来增强区域创新能力。这不仅推动了工业技术显著进步，有利于降低工业污染物的排放，也是实现工业经济增长和绿色低碳转型的有效途径。第二，技术交易产生的技术外溢，有助于环境治理和清洁工艺等关键技术与设备的扩散，提升工业污染治理能力。大量的研究结果显示，技术拥有者将通过投资和外贸等途径来弥补创新活动中的成本支出，从而实现技术的外溢。技术的溢出和扩散，使得生态科学和环境科学等基础研究的理论知识和专利成果得以有效转化，为实现污染物的减排提供了科学的技术支撑。第三，技术市场发展推动的技术进步提高了能源效率，并抑制了工业污染物的排放。能源效率的提高与技术市场的发展有紧密的联系，研发节约稀缺性资源的技术在政策的引导扶持和技术市场的发展下，节能技术比耗能技术更占优势，节能技术将替代耗能技术成为市场的主体，对能源效率的拉动作用也明显增强。能源效率提升带来的单位能耗下降，是抑制污染物排放的重要途径。

技术市场发展从两个方面提高工业产品的附加值，主要体现在两方面。第一，技术市场的发展可以提高学习能力和人力资本的技术创新能力，这有利于新技术、新工艺和新产品的生产，提高产品的附加值。技术市场发展不仅为企业提供了准确的技术需求信息，也激发了人力资本的积极性，为技术成果转化过程提供更好的技术和人力资本支撑。技术市场的发展使技术产品贸易与科研机构和科研人员的经济利益紧密相关。当科研人员和科研人员被剩余价值所吸引时，他们将充分释放他们的创新成果，催生新的工业技术和产品，提升工业产品的附加值。第二，技术市场的发展为高新技术产业创造了良好的市场环境，促进了高科技创新，产品创新和装备创新，加速了科研成果的转化。通过提高高新技术产业的比重，不断增加工业产业的附加值率，对我国工业绿色转型有较好的促进作用。

由此可见，技术市场发展具备资源配置功能、价格发现功能、信息揭示功能、风险管理功能和成本降低功能，四项功能将有效地促进技术创新，从而通过技术进步和技术效率提升以实现企业产品附加值提高、能源消耗下降和污染排放减少的工业绿色转型目标。

第三节　技术市场发展促进工业绿色转型的实现基础

一、市场对技术商品的强烈需求

技术合同交易的主体在技术市场中占主导地位，而企业在技术市场中作为供求主体的地位正在逐步形成。根据技术转移生产梯度规律，高科技生产企业有权成为技术市场的卖方，低技术生产企业可以向技术市场提供部分或个别高科技技术。随着科学技术体制改革的不断深入，研究机构的产学研相互融合，将基础研究落实到应用研究中，不断发掘新兴科技成果，提高企业的创新水平，科学技术成果也将不断涌现。在技术的供应侧，企业的供求关系也远高于科研机构等其他单位。企业回避了科研机构在技术交易中暴露的缺点，例如科研机构通常只能转让个别技术，部分过程以及成熟度低的技术产品，技术创新的程度较低。根据经济供求关系理论，当供求同时增加时，这将导致平衡生产的增加，扩大技术交易的范围和规模，并促进技术市场的繁荣。以企业为主要主体的市场买方侧的技术需求已成为技术市场存在和发展的基本条件。

二、研发主体的市场思维及创新能力

随着技术市场领域的不断扩大，市场对科技成果的需求日益增长，原有的技术已经不能满足市场发展的需要，市场将逐步要求研发主体不断完善其内容、功能和技术。而技术创新与市场导向是一

个有机整体，相互联系、相互促进和相互补充，与市场相适应的技术才可以充分发挥其价值。因此，研发主体既要在研发初期明确市场需求，也要在研发过程中根据市场需求变化及时进行反馈和更新，使得科技成果更好地服务和应用于市场。此外，供需主体的沟通合作十分重要。从技术的开发到应用推广，将需要大量的人力资本进行项目的对接交流、方案筛选。通过前期对市场需求的准确定位，到中期将所需的技术服务类型及时反馈至技术科研部门，再到后期的技术市场推广活动，都需要进行多方面的沟通和交流，促进技术产品的不断完善。这就要求供需双方有较强的语言表达和项目沟通能力。因此，先进的市场思维和进步的创新能力是保障技术市场发展的重要前提。

三、技术信息平台建设

实现最佳资源分配是市场的基本功能。在资源供给的效率方面，市场信息越充分，交易双方的信息越对称，资源供应效率就越高。从信息供给效率来看，由于信息不完全，交易各方难以对各种不确定性做出正确的假设，交易障碍就越大。为克服交易中的信息不对称性，必须客观公正地评价第三方提供的技术产品信息，通过完善信息采集技术系统以规范企业行为，防范风险。

通常，技术信息平台反映与技术市场中的技术相关的所有经济活动和发展变化的所有数据和信息。过程信息是定制技术的重要组成部分，各参与方应充分认识过程信息的基本情况，掌握过程信息的发展趋势，做出正确的决策。它的作用主要体现在三个方面：一是鼓励交易各方充分、迅速地获取技术产品信息，保证技术业务的顺利进行，减少技术定制的不确定性和风险；二是防止技术市场权力有效供给的扭曲，保持技术市场权力的有效供给；三是便于监管机构规范技术交易活动并维护市场公平。

信息技术作为技术商品活动的向导，这不仅是技术成果商业化，工业化和国际化的结果，而且是国家技术市场发展水平和繁荣的体现。信息系统不完善、信息流通不畅是制约我国科技进步的重要因素。信息平台系统的建设，将增加消费者的信息价值，减少中国技术市场带来的安全隐患。科学技术信息流动的困境，限制了科技产品的流动，削弱了科技发展的优势，进而削弱了创新意识，造成科技资源的错配。因此，需要建立一个完整的科技信息收集、输出和培训体系的技术信息平台来促进科技要素的适度流动。

四、制度环境的保障

（一）环境规制

政府环境规制对技术市场发展影响工业绿色转型有很好的促进作用。"波特假说"认为，严格而适当的环境监管政策可以鼓励企业进行创新，并且通过创新生产更有效率地规避环境规制的成本。具体来说，即环境规制将引发创新补偿效应，使得企业通过改良生产工艺和技术创新，逐步形成了治理排放物的能力。长期来看，提高了企业生产率，加快了绿色产业转型的步伐。而后，新凯恩斯主义者进一步扩展了"波特假说"，指出实际的企业决策主要是由企业经理制定的，而环境法规将改善当前时期企业经理偏好的短视行为，从而激励企业经理进行工业技术创新的投资。

环境规制还将造成产业区位的转移。代表性理论"污染避难所假说"（Copeland and Taylor, 1994）认为，环境规制将导致产业变迁和产业转移。具体来说，环境监管政策将改变企业的生产成本和利润水平，企业将通过增加对新技术和创新技术的投资来减少环境法规的成本，但是增加的投资成本将影响企业当前和未来的规模，影响企业的投资决策和经济产出。产业区位转移的动因来自三方面，一是对地区政府。一般来说，经济相对落后的地区为了吸引外来资金投入更愿意以牺牲环境作为代价，因而污染密集型企业的比重相对较高。二是本地企业，本地企业为了获取更高的利润，往往倾向于在环境规制程度较低地区进行生产，地区间的环境规制程度差异将导致本地企业生产地区的转移，产业的区位转移主要集中于污染密集型产业和高能耗的产业中。三是外资企业。在全球价值链分工的背景下，外商直接投资在我国国民经济增长中发挥着越来越重要的作用。外资的投入可以弥补国家资金不足等问题，并带来先进的管理理念和技术水平，环境规制将影响地区招商引资政策，从而改变外商投资的区位选择。

环境规制在企业节能环保投入、工业技术创新和产业区位转移方面对地方工业技术效率和工业技术进步产生影响，从而影响地方工业绿色转型。

（二）财政科技支持

中共中央多次在会议中强调了发展科技的重要性，强调了科技创新在中国经济体制完善中的核心地位。从宏观层面上来看，政府曾多次发布政策措施鼓励企业自主创新。具体来看，政府凭借财政科技和宏观产业政策支持等措施来提高创新动能，财政科技支持是政府及公共部门通过直接资助、税收优惠等措施支持工业企业进行自主研发，从而达到激励企业绿色技术创新的目标。从既有文献可知，财政科技支持对地区工业绿色转型有着重要作用，这是由于财政科技支持可以有效填补地区工业企业创新的资金缺口，形成杠杆带动效应，并且由于技术创新存在研发周期长、研发结果未知等特点，政府对工业企业进行科技支持可以削弱企业面临的创新风险，提高企业技术创新的积极性。财政科技支持可以减少本地工业企业的创新和研发成本，弥合经济个体创新活动的个人收入和社会收入之间的差距，并在经济个体的研发投资中具有明显的领导作用，从而实现产业技术结构的优化。

理论上，技术创新领域的财政科技支持既能够有效填补地区工业企业技术创新的资金缺口，又可以减轻企业面临的创新风险，提高企业对技术创新的热情，形成杠杆带动效应，激励工业企业增加研发投入，有利于推动工业技术进步。技术改造领域的财政科技支持（具有投资少、周期短、效率高、污染少、消耗低等优点）可以在一定程度上减轻工业企业技术改造的资金压力，可以促进工业化和普及化，可以促进先进的适应性技术和高新技术在传统工业中的推广应用，在重点行业中对污染控制工厂和设备的升级改造，以及工业企业在节能、节水、节材等技术和设备上的推广和应用，这将有助于促进和应用先进的工业技术或提高技术效率。鉴于工业技术进步和工业技术效率提高，能够推进工业绿色转型。由此可以推测，财政科技支持很可能通过促进工业技术进步和工业技术效率提高等途径和机制推进地方工业绿色转型。

此外，前面的理论分析表明，在企业技术创新和技术改造（包括节能环保技术和其他先进技术）的资金充足情况下，技术市场发展能够通过促进工业技术进步和技术效率提高等机制促进地方工业绿色转型。然而，技术创新基本上是创造新知识的过程，具有研发周期长、研发成果未知的特点，需要大量的资源，如科技人员，研发资金和固定资产等。因此，企业很可能存在创新活动的资金缺口；先进技术（尤其是节能环保）的工艺改造也会挤占工业企业的大量资金，短期内很可能降低企业的利润率，进而导致企业没有足够动力进行技术改造。因此，财政科技支持在一定程度上弥补了工业企业技术创新和技术改造资金的不足，进而可以改善技术市场发展对工业技术进步和技术效率提高的影响。

（三）知识产权保护制度

作为人类社会发展和科技进步过程中形成的一种有效的知识产权保护制度，知识产权制度是指知识产权人在一定的法定期限内以自己的名义取得并予以保护的法律制度。产权可以激励创新，保护人的智力成果，提高生产效率，是一种激励和保护机制，可以促进科技、经济和文化的发展。作为一种可接受的保护工具，知识产权保护的是无形的制度，保护的是专利、版权和商业秘密等无形资产。知识产权法赋予了知识产权工作者和所有者所有权，而技术创新是企业生存与发展的内在动力，知识产权保护是实现企业利益最大化和技术创新目的的保证。了解科技的过程，不仅是创造科技的过程，还应从经济、技术、法律等商品化过程方面展开研究。经济因素是技术观察的目的，技术因素是技术观察的内容，法律因素是经济目的接受情况的描述和保证。

在一定时期内，专利权制度赋予了技术创新主体以法律保护的权利，并确保了技术垄断权的行使，这反映了专利保护力度的显著增强。知识产权作为一项明确的产权，可以解释技术创新主体的责任和利益，降低主体选择"机会主义"的能力，从而降低技术交易成本，减少技术交易中的摩擦，促进平稳发展。为了降低企业技术操作的成本，知识产权制度保障技术市场发展的途径在于：第一，通过诸如搜索专利文献的活动来降低收集数据的成本。第二，知识产权的保护制度可以内化技术创新的外部利益。第三，知识产权保护制度为技术交易和保护提供了一个基本框架。关于产权，产权内容，产权维护，产权转让等主题的法规，可以减少订立、变更、维护和管理技术交易合同的成本。不断发展和完善知识产权保护法律体系，使知识产权所有人享有平等权利，激发创新主体的创新积极性，为持续创新提供良好的竞争环境和强大的法律保护平台。

第四节 本章小结

本章在理论层面分析了技术市场发展与工业绿色转型的内在逻辑，为技术市场发展对工业绿色转型的影响机制提供理论支撑。内容主要包括了技术市场发展的运行机制、技术市场对工业绿色转型的影响机制和技术市场发展促进工业绿色转型的实现基础。本章从

第三章 技术市场发展影响工业绿色转型的理论分析

技术市场发展的运行机制着手,以技术市场特定机制为基础,提出了技术市场发展通过技术进步和技术效率提升的影响机制,并对影响效果的实现提出了市场对技术商品的强烈需求、研发主体的市场思维及创新能力、技术信息平台建设和制度环境的保障四项基础条件。本章的理论分析清晰了技术市场发展对工业绿色转型的作用途径,深化了对技术市场发展及工业绿色转型的理解认识。本章节的主要结论有以下三点。

第一,供求机制、竞争机制、价格机制和风险机制共同构成了我国技术市场的运行机制。其中,供求机制联结了技术市场的供求主体,并围绕市场需求确定市场行为,是技术市场运行的前提和基础。价格机制对信息技术进行反馈,反映技术资源的供需现状及质量认可度。同时,竞争机制作为价格机制的重要补充,通过竞争机制获得技术资源的合理定价,发挥市场的自我调节功能。风险机制对供需主体的技术风险起到提示作用,确保供需主体根据市场规则进行交易,降低市场风险。

第二,技术供求双方在技术市场的运行下,完成了技术商品的信息采集和匹配、项目合作的谈判与协商、研发成果的推广及应用,参与了技术转让和成果转化的全过程。技术市场发展对工业绿色转型的重要性在于,优化资源配置、价格发现、信息披露、风险管理以及降低市场成本的功能,为技术创新提供有利条件,是技术进步和技术效率提升的重要保障。技术进步和技术效率提升在提高产品附加值、降低工业能源消耗和减少污染物排放方面有较好的积极效应,是工业绿色转型的关键途径。

第三,技术市场发展对工业绿色转型的实现基础在于供需双方的交易目的、技术市场制度建设和国家政策的支持,具体来说有:首先,市场对技术商品的强烈需求。买卖行为是市场存在的基础,只有供应主体对技术有需求,并可以将技术商品化货币化,才实现了一次完整的市场活动,也是技术市场存在的基础条件。其次,研发主体的市场思维及创新能力。研发主体需要以市场为导向,不仅具备技术创新的能力,还应具备市场思维促进技术变现。再次,技术信息平台建设。建立健全完善的技术市场机制,保障市场主体的双方利益,提高技术交易的质量和效率,为工业绿色转型提供技术支持。最后,制度环境的保障。政府与市场协同运作,通过环境规制、财政科技支持和法律法规保护相关措施,发展健康有序、运行高效的技术市场,加快工业绿色转型进程。

第四章

技术市场发展对工业绿色转型影响的实证研究

第一节 技术市场发展与工业绿色转型的相关性分析

本章重点研究技术市场发展对工业绿色转型的影响，因此，在这里将在实证分析前对核心变量相关系数值进行初步判断。

在统计学中，Pearson 积矩相关系数（Pearson product-moment correlation coefficient. PMCC），能够用于度量两个随机变量 x 和 y 之间的关系，即 $x = \{x_1, x_2, x_3, \cdots, x_i\}$ 和 $y = \{y_1, y_2, y_3, \cdots, y_i\}$，值范围介于 -1 和 1 之间。Pearson 相关系数在学术研究中被广泛运用于测量两个变量之间线性相关的强度，两个变量之间的 Pearson 相关系数定义为这两个变量的协方差与二者标准差积的商。Pearson 相关系数的计算公式如下：

$$R = \frac{N\sum x_i y_i - \sum x_i \sum y_i}{\sqrt{N\sum x_i^2 - (\sum x_i)^2}\sqrt{N\sum y_i^2 - (\sum y_i)^2}} \quad (4.1)$$

其中，R 表示变量的相关系数，当两个变量的相关性越强，通过数据反映的 R 的绝对值就越大。正常情况下，$0.8 < R \leqslant 1$ 属于极强相关性，$0.6 < R \leqslant 0.8$ 属于强相关性，$0.4 < R \leqslant 0.6$ 是中等相关性，$0.2 < R \leqslant 0.4$ 是弱相关性，$R \leqslant 0.2$ 为极弱相关性或不相关。

表 4 - 1 为本章主要变量测算的相关系数。$R_1 \sim R_{12}$ 分别表示工业绿色转型、技术市场发展、技术开发市场、技术转让市场、技术咨询市场、技术服务市场、人力资本水平、外商直接投资、产业规模、产业结构、经济发展水平和信息化程度的相关系数值。

表 4 - 1　　　　　　主要变量的相关系数分析

变量	R_1	R_2	R_3	R_4	R_5	R_6	R_7	R_8	R_9	R_{10}	R_{11}	R_{12}
R_1	1											
R_2	0.821	1										
R_3	0.686	0.807	1									
R_4	0.632	0.673	0.773	1								
R_5	0.262	0.669	0.711	0.630	1							
R_6	0.683	0.629	0.660	0.539	0.703	1						
R_7	0.474	0.890	0.617	0.633	0.412	0.227	1					
R_8	0.550	0.208	0.272	0.342	0.203	0.387	0.279	1				
R_9	0.260	0.290	0.299	0.297	0.267	0.214	0.277	0.214	1			
R_{10}	-0.211	0.319	0.348	0.353	0.276	0.240	0.134	0.337	0.240	1		
R_{11}	0.350	0.283	0.417	0.368	0.427	0.423	0.368	0.330	0.236	0.517	1	
R_{12}	0.454	0.486	0.500	0.437	0.433	0.443	0.517	0.422	0.222	0.303	0.530	1

资料来源：笔者整理。

一、技术市场发展对工业绿色转型的整体相关性

技术市场发展（R_2）与工业绿色转型（R_1）的相关系数为 0.821，表明二者存在极强的相关性，即技术市场发展对工业绿色转型有明显的带引作用。人力资本水平（R_7）与工业绿色转型的相关系数为 0.474，表明人力资本水平与工业绿色转型有中等相关关系，人力资本水平与工业绿色转型有比较明显的线性关系。外商直

接投资（R_8）与工业绿色转型的相关系数为 0.550，表明外商直接投资与工业绿色转型有中等相关关系，外商直接投资与工业绿色转型有较为显著的线性关系。产业规模（R_9）与工业绿色转型的相关系数为 0.260，表明产业规模与工业绿色转型有弱相关关系。产业结构（R_{10}）与工业绿色转型的相关系数为 -0.211，表明产业结构与工业绿色转型有弱相关关系，并且为负向效应。表明产业结构指标对工业绿色转型不利。人均生产总值（R_{11}）与工业绿色转型的相关系数为 0.350 表明经济发展水平与工业绿色转型有正向的弱相关关系，信息化程度的提高可以较为显著地促进工业绿色转型。信息化程度（R_{12}）与工业绿色转型的相关系数为 0.454，表明信息化程度与工业绿色转型有中等相关关系，信息化程度的提高可以较为显著地促进工业绿色转型。

Person 相关系数的绝对值愈接近 1，表示线性关系越强，即表明技术市场发展对工业绿色转型具有更强的影响力。其他指标的影响力排序为：外商直接投资 0.550 > 人力资本水平 0.474 > 信息化程度 0.454 > 人均生产总值 0.350 > 产业规模 0.260 > 产业结构 0.211。技术市场发展最能促进工业绿色转型，具有非常优秀的带引作用；外商直接投资、人力资本水平、信息化程度、经济发展水平、产业规模在工业绿色转型的影响力非常明显且依次减弱，都具有很好的推动作用；产业结构对工业绿色转型有一定的反向作用力。

技术市场发展与其他指标的相关性表现在：人力资本水平（R_7）与技术市场发展的相关系数为 0.890。外商直接投资（R_8）与技术市场发展的相关系数为 0.208。产业规模（R_9）与技术市场发展的相关系数为 0.290，表明产业规模与技术市场发展呈现出弱相关关系。产业结构（R_{10}）与技术市场发展的相关系数为 0.319。人均生产总值（R_{11}）与技术市场发展的相关系数为 0.283。信息化程度（R_{12}）与技术市场发展的相关系数为 0.486。由此可见，其他指标对技术市场发展的影响力排序分别为：人力资本水平 0.890 >

信息化程度 0.486 > 产业结构 0.319 > 产业规模 0.290 > 人均生产总值 0.283 > 外商直接投资 0.208。人力资本水平、外商直接投资、产业规模、产业结构、经济发展水平和信息化程度均对技术市场发展有较好的促进的作用，其中人力资本水平与技术市场发展有强相关的相关性，信息化程度对技术市场发展有中等相关性，而其他指标则对技术市场有弱相关性。

二、细分技术市场发展对工业绿色转型的相关性分析

由上部分内容可知，技术市场发展与工业绿色转型具有强相关性。由技术开发市场、技术转让市场、技术咨询市场和技术服务市场四个细分市场组成了技术市场，为了更深入地理解技术市场发展与工业绿色转型的影响关系，这里将进一步对细分市场与工业绿色转型的相关性进行分析。

由表 4-1 可知，技术开发市场（R_3）与工业绿色转型（R_1）的相关系数为 0.686，技术转让市场（R_4）与工业绿色转型（R_1）的相关系数为 0.632，技术咨询市场（R_5）与工业绿色转型（R_5）的相关系数为 0.262，技术服务市场（R_6）与工业绿色转型（R_1）的相关系数为 0.683，这表明，技术开发市场、技术转让市场、技术咨询市场和技术服务市场的发展对工业绿色转型均具有促进作用。其中，技术开发市场（R_3）和技术转让市场、技术服务市场（R_6）的发展与工业绿色转型有强相关关系，相关系数值在 0.6~0.8。四个细分市场对工业绿色转型的影响力从大到小依次为：技术开发市场 0.686 > 技术服务市场 0.683 > 技术转让市场 0.632 > 技术咨询市场 0.262。可以看出，技术开发市场在技术市场和工业绿色转型中的相关作用最强，发挥了较好的带头作用，其他发挥重要作用的依次是技术服务市场和技术转让市场，而技术咨询市场与工业绿色转型的相关性相对较弱。

对比人力资本水平、外商直接投资、产业规模、产业结构、经

济发展水平和信息化程度（$R_7 \sim R_{12}$）对四个细分技术市场（$R_3 \sim R_6$）的相关系数，可知：技术开发市场与人力资本水平（R_7）和信息化程度（R_{12}）存在强相关性（相关系数分别为 0.617 和 0.500），与外商直接投资（R_8）存在中等相关关系（相关系数为 0.417），与经济发展水平（R_{11}）、产业规模（R_9）和产业结构（R_{10}）存在弱相关性（相关系数值分别为 0.272、0.299 和 0.348）。技术转让市场与人力资本水平（R_7）存在强相关性（相关系数为 0.633），与信息化程度（R_{12}）存在强相关关系（相关系数为 0.437），与外商直接投资（R_8）、产业规模（R_9）、产业结构（R_{10}）和经济发展水平（R_{11}）均表现为弱相关关系（相关系数分别为 0.342、0.297、0.353 和 0.368）。技术咨询市场与人力资本水平（R_7）、经济发展水平（R_{11}）和信息化程度（R_{12}）表现中等相关性（相关系数分别为 0.412 和 0.433）。技术服务市场与经济发展水平（R_{11}）和信息化程度（R_{12}）具有中等相关关系（相关系数为 0.423 和 0.443），而与人力资本水平（R_7）、外商直接投资（R_8）、产业规模（R_9）、产业结构（R_{10}）的相关性较弱（相关系数为 0.227、0.387、0.214 和 0.240）。

第二节 技术市场发展对工业绿色转型影响的实证分析

一、模型设定与变量、数据说明

（一）计量模型

为了验证上面的理论假说，本章建立如下计量模型检验技术市场发展对地方工业绿色转型的影响：

$$ITU_{it} = \alpha + \beta X_{it} + \varepsilon_{it} \qquad (4.2)$$

其中，t 代表时间，i 表示地区，ε_{it} 为随机扰动项。α 为常数项，β 为系数变量，被解释变量 ITU_{it} 代表各地区工业绿色转型，这里以工业绿色全要素生产率作为衡量指标。X_{it} 为影响工业绿色转型的解释变量，包括技术市场发展（DTM_{it}），由技术市场交易额作为测算指标。式（4.2）中隐含地假定了地区工业绿色转型（ITU_{it}）将会受到其他因素的影响而发生相应的变化。另外，地方工业绿色转型的变化过程中，前期水平将对当期的结果产生影响，因此，在这里借助局部调整模型对滞后效应进行完善。考虑如下的局部调整模型：

$$ITU_{it}^{e} = \alpha + \beta X_{it} + \delta_{it} \qquad (4.3)$$

其中，ITU_{it}^{e} 表示地方工业绿色转型的期望水平，α 为常数项，X_{it} 表示式（4.2）中的解释变量向量，β 为解释变量的系数变量，δ_{it} 表示随机扰动项。式（4.3）中表明解释变量的当期水平将影响被解释变量，即地方工业绿色转型的期望水平。由于技术水平等无法在短时期内提高，工业绿色转型的实际变化只是预期的一部分，因此存在以下关系：

$$ITU_{it}^{e} - ITU_{it-1} = (1 - \zeta)(ITU_{it}^{e} - ITU_{it-1}) \qquad (4.4)$$

其中，$1 - \zeta (0 < \zeta < 1)$ 为地方工业绿色转型向期望值的调整系数，数值越大表明调整速度越快；当 $\zeta = 0$ 时，表明实际地方工业绿色转型值与前期相同，t 期地方工业绿色转型值没有调整。式（4.4）表示了 ITU_{it-1} 与预期地区工业绿色转型 ITU_{it}^{e} 存在的差距为（$ITU_{it}^{e} - ITU_{it-1}$），而 t 期的调整幅度为 $(1 - \zeta)(ITU_{it}^{e} - ITU_{it-1})$，再将式（4.3）代入式（4.2）中，可以得到：

$$ITU_{it} = \alpha^{*} + \zeta ITU_{i,t-1} + \beta^{*} X_{it} + \delta_{it}^{*} \qquad (4.5)$$

根据地方工业转型研究领域的相关文献，式（4.5）中的解释变量 X_{it} 除了技术市场发展，还应该包括人力资本水平、外商直接投资、产业规模、产业结构、信息化程度、人均生产总值等控制变量，这样，式（4.5）中的解释变量 X_{it} 的表达式如式（4.5），其中，$\beta_1 - \beta_7$ 表示的是解释变量对应的系数值。

$$X_{it} = \beta_1 DTM + \beta_2 HR + \beta_3 FDI + \beta_4 DS + \beta_5 IS + \beta_6 AGDP + \beta_7 IN$$
(4.6)

其中，$\alpha^* = (1-\zeta)\alpha, \alpha^* = (1-\zeta)\beta, \delta_{it}^* = (1-\zeta)\delta_{it}$。$\beta^*$ 表示的是短期乘数，反映了 X_{it} 对工业绿色转型的短期影响。β 为长期乘数，反映了解释变量 X_{it} 对工业绿色转型的长期影响。ζ 为滞后乘数，反映了前一期的地方工业绿色转型程度对当期的影响。在本章，式（4.5）的动态面板模型表示的是基准估计模型。

（二）控制变量

本章将采用人力资本水平（HR）、产业规模（DS）、外商直接投资（FDI）、产业结构（IS）、经济发展水平（AGDP）和信息化程度（IN）作为控制变量。人力资本水平（HR）。工业绿色转型很大程度上依赖于技术的创新和进步，而人力资本水平是影响技术水平的重要因素。技术能否被创新升级取决于核心技术人员的开发创新能力，人力资本水平的上升可以有效提升技术效率，推动绿色经济，从而达到工业绿色转型的结果。

外商直接投资（FDI）。随着经济的全球化，知识、技术和信息的逐步共享，外资企业不再局限于本地研发，越来越多的外资企业进入中国，以获取更低的人力成本。而对于中国而言，外商的引进不仅是资金的流通，更多的是通过技术的交流来提升本土企业技术创新的能力。随着中国招商引资的规模不断扩大，外商投资已成为中国研发和创新的重要组成部分。通过与外资企业的合作，将有利于学习发达国家的相关先进技术，从而通过技术外溢实现本国的二次技术创新，推动工业绿色转型。

产业规模（DS）。一般来说，规模较大的企业，或者垄断型企业往往具备较高的生产要素配置，不论在资金、劳动力和技术层面均领先于小微企业。因此，在技术创新实现产业优化的过程中，产业规模较大的企业往往具有更多的优势。

产业结构（IS）。工业比重较高的城市由于工业产业集聚，容易造成高能耗、重污染排放，不利于城市的绿色经济发展。

经济发展水平（AGDP）。人均生产总值在一定程度上代表了城市的经济当期的发展水平，经济基础较强的城市一般具备较好的创新环境，对城市产业转型升级具有促进作用。

信息化程度（IN）。信息化程度的提升可以降低复杂技术在交流过程中的成本（Warkentin，1997），便于信息在工业行业内部共享（Anandhi，2000；Song，2001），增强工业科技的吸收能力（Banker et al.，2006），提升了新产品的研发成功率和工业技术创新效率（吴穹等，2018），对工业绿色转型产生重要影响（程中华和刘军，2019）。而城市的信息化程度可以反映在移动设备的使用率和普及率上，由此可见，地区的固定电话、移动电话和互联网的普及率越高，表明信息化的基础设施配套越完善，信息化程度相对越高（惠宁和刘鑫鑫，2017）。综上所述，本章的控制变量的衡量办法如表4-2所示。

表4-2　　　　　　　　控制变量的衡量办法

控制变量	衡量办法
人力资本水平（HR）	地级市高校数量的对数
外商直接投资（FDI）	外资投资工业企业工业总产值与地级市生产总值之比
产业规模（DS）	固定资产投资占国内生产总值的比值
产业结构（IS）	第二产业从业人数与第三产业从业人数的比值
经济发展水平（AGDP）	人均生产总值
信息化程度（IN）	国际互联网用户数

资料来源：笔者整理。

（三）数据说明

本书样本区间设定在2009~2016年，由于拉萨等城市缺失了大量的数据，研究时未将其纳入样本，样本共涉及 284 个地级市。其中，城市工业绿色转型的数据由于测算模型可得，测算数据取至 2008~2017 年。技术市场发展的衡量指标取自《中国科技统计年鉴》，包括技术市场总交易额和技术市场细分市场的交易额。由于地级市数据的限制，技术市场交易额只能衡量省级层面的技术市场的发展程度，在这里，借鉴范子英等（2019）处理地级市层面环境污染指标的研究思路，将地级市专利数与省级的专利数比重（单位为%）作为权重，与省级层面技术市场发展指数的乘积项，以作为地级市技术市场发展指数的数据。控制变量的相关数据源于国务院发展研究中心信息网、《中国城市建设统计年鉴》和《中国城市统计年鉴》。数据的描述性统计如表 4-3 所示。

表 4-3　　　　　　　主要变量的描述统计

	变量名称		样本	均值	标准差	最小值	中位数	最大值
核心变量	工业绿色转型	ITU	2 272	1.125	0.376	0.631	1.321	1.866
	技术市场发展	DTM	2 272	185.81	226.64	1.93	109.08	1 753.24
控制变量	人力资本水平（年/人）	HR	2 272	8.731	0.945	7.372	8.487	11.931
	外商直接投（%）	FDI	2 272	18.126	75.321	1.571	33.137	84.843
	产业规模（%）	DS	2 272	75.93	27.68	0.010	73.26	219.69
	产业结构（%）	IS	2 272	75.93	27.68	0.200	87.07	548.45
	经济发展水平（万元）	AGDP	2 272	4.307	2.811	0.00	3.515	21.55
	信息化程度（万户）	IN	2 272	75.478	151.76	0.002	40.00	5 174.00

资料来源：笔者整理。

二、基准模型的估计结果分析

广义矩方法（GMM）可以克服上文动态面板模型存在的内生性问题，并且由于差分广义矩估计方法（DIF - GMM）存在弱工具变量的问题，布伦道和邦德（Blundell and Bond, 1998）建议采用

SYS – GMM 方法估计。SYS – GMM 的有效性取决于两个关键问题：一个是解释变量的滞后值是否与工具变量一样有效，另一个是权重矩阵的正确选择。考虑到样本观测的有限性，本章将解释变量的一阶滞后项用作工具变量。工具变量是否有效，需要使用 Arella-no-Bond 检验（AB 检验），以及使用 Hansen 来检验工具变量的过度识别限制。AB 检验二阶自相关的存在表明工具变量是合理且有效。Hansen 检验不能拒绝原假设，这意味着工具变量的设置十分适当。

从表 4-4 的模型 3 的估计结果可知，AB 检验和 Hansen 检验满足两步 SYS – GMM 的估计要求。这表明在模型 3 中，没有过度识别工具变量，并且所使用的工具变量是合理且有效的。模型 3 的估计结果显示，技术市场发展（DTM）的系数在 5% 的水平下显著为正，系数值为 0.067，这说明技术市场发展显著提升了地方工业绿色转型。

为了确保 GMM 估计的可靠性，这里采用了动态混合估计模型（POLS）和动态固定效应模型（FE）行了验证，即如果 GMM 估计中被解释变量滞后一期的系数介于动态 POLS 和动态 FE 之间，则表明 GMM 估计不存在较大偏差。为此，表 4-4 模型 1 和模型 2 报告了动态 POLS 和动态 FE 的估计结果，可以看出，模型 3 中的估计系数（0.827）处于模型 1 与模型 2 对应的系数（0.828 和 0.342）之间，表明了两步系统 GMM 的结果具有稳健性。因而，技术市场发展对中国地方工业绿色转型的促进作用显著且非常稳健。

表 4-4　　　技术市场发展对工业绿色转型的影响

变量	模型 1	模型 2	模型 3
L.ITU	0.828 *** (45.85)	0.342 *** (12.20)	0.827 *** (25.72)
DTM	0.029 * (1.64)	-0.058 (-1.07)	0.067 ** (1.99)

续表

变量	模型1	模型2	模型3
HR	-0.012 (-0.63)	0.013 (0.38)	-0.012 (-0.60)
FDI	0.071*** (4.04)	0.033 (1.20)	0.068*** (3.96)
DS	0.093*** (5.61)	0.114*** (3.82)	0.068*** (4.29)
IS	-0.099*** (-4.87)	-0.240*** (-6.12)	-0.103*** (-5.67)
AGDP	-0.011 (-0.57)	0.612*** (8.01)	-0.027 (-1.33)
IN	-0.016 (-0.71)	-0.080 (-1.58)	0.002 (0.11)
R^2 值	0.630	0.166	—
AR(2)-test P 值	—	—	0.219
Hansen-test P 值	—	—	0.173
观测值	1 988	1 988	1 988
估计方法	动态 FE	动态 POLS	系统 GMM

注：*、**、***分别表示在10%、5%、1%的水平上显著。
资料来源：笔者整理。

三、稳健性检验

（一）重新选择估计方法

考虑到未取自然对数的情况下，工业绿色转型的衡量指标值具有截断性，使用普通的估计方法可能存在有偏，因此这里借鉴李政和杨思莹（2018）的方法，采用面板 Tobit 模型对未取自然对数时的基准模型进行稳健性检验。

表4-5模型1汇报了 Tobit 模型的回归结果，结果显示，重新

选用估计方法后,各个变量的估计系数和显著性方面均与前文预测一致:技术市场发展对地方工业行业转型升级呈现正向的显著关系,系数值为0.263。就控制变量而言,人力资本水平对工业绿色转型呈正向关系,系数值为0.275;外商直接投资促进了工业绿色转型,系数值分别为0.235,在1%的水平上显著。产业规模对工业绿色转型的影响系数为0.432,在1%的水平上显著。同样呈现1%水平正向显著的还有经济发展水平。而信息化程度对工业绿色转型产生正向不显著影响,系数值为0.108。

表4-5　　　　　　　　稳健性检验结果(1)

变量	工业绿色转型(ITU)	工业结构优化(ISO)			
	模型1	模型2	模型3	模型4	模型5
DTM	0.263*** (4.61)	0.183*** (3.55)	0.197*** (2.70)	0.043*** (4.33)	0.053*** (5.01)
HR	0.275*** (4.19)	0.196*** (3.27)	0.068 (0.85)	0.010 (0.92)	0.014 (1.20)
FDI	0.235*** (2.61)	0.102 (1.04)	0.265*** (3.58)	-0.289*** (-3.13)	-0.331*** (-3.34)
DS	0.432*** (7.30)	0.434*** (7.42)	0.246*** (3.56)	0.119* (1.82)	0.168** (2.41)
IS	-0.389*** (-6.56)	-0.364*** (-6.24)	-0.091** (-2.30)	-0.006** (-1.99)	-0.007** (-2.02)
AGDP	0.226*** (3.69)	0.026 (0.44)	0.559*** (6.80)	0.006 (0.51)	0.008 (0.61)
IN	0.108 (1.38)	0.145** (2.00)	0.052 (0.53)	0.004 (1.05)	0.002 (0.62)
观测值	2 272	2 272	2 272	2 272	2 272
估计方法	Tobit		动态FE	动态POLS	系统GMM

注:*、**、***分别表示在10%、5%、1%的水平上显著。
资料来源:笔者整理。

（二）更换核心变量及控制变量的衡量办法

1. 重新选取了核心变量的衡量指标

工业绿色转型的衡量上，已有文献采用了人均产品附加值增加、TFP 提升、清洁比例上升、产业结构高度化提升等进行衡量（黄亮雄等，2015；童健等，2016），鉴于工业绿色转型是通过技术不断进步、知识不断累积，从而使得产品附加值持续提升的过程，本章借鉴了戴魁早（2014）的做法，使用了工业结构优化（ISO）作为工业绿色转型的替代指标。衡量的办法是，通过将高技术产业与传统产业的分类，获取高技术产业与传统产业的比重值，以此作为衡量工业结构优化的重要指标。而在技术市场发展上，本章借鉴了樊纲等（2011）中的"要素市场发展指数"作为技术市场进程指数（TMN），将技术市场进程指数作为替代指标以进行稳健性测试。

表 4-5 模型 2~模型 5 汇报了更换被解释变量工业绿色转型的衡量方式后的实证结果，分别使用了 Tobit、动态 FE、动态 POLS 和系统 GMM 四种估计办法进行测算。从结果来看，不论使用任何一种估计办法，技术市场发展对工业绿色转型均呈现了显著的正向关系。Tobit 模型结果中，技术市场发展（DTM）的影响系数值为 0.183，在 1% 的水平上显著；动态 FE 模型结果中，技术市场发展（DTM）对工业绿色转型的影响系数值为 0.197，在 1% 的水平上显著为正；动态 POLS 模型结果中，技术市场发展（DTM）的影响系数值为 0.043，结果在 1% 的水平上显著；在系统 GMM 模型结果中，技术市场发展（DTM）对工业绿色转型的影响系数值为 0.053，在 1% 的水平上显著。这些测算结果均表明了技术市场发展对工业绿色转型的显著促进作用，对前面估计的结果有很好的检验。

控制变量方面，根据估算方式的不同，呈现结果偏差的外商直接投资（FDI）以外，人力资本水平（HR）、产业规模（DS）、产业结构（IS）、经济发展水平（AGDP）和信息化程度（IN）对工业绿色转型的影响方向均与前文保持了一致，即人力资本水平（HR）、产业规模（DS）、经济发展水平（AGDP）和信息化程度（IN）的提高均促进了工业绿色转型，其中，人力资本水平、产业规模对工业绿色转型的影响十分显著，并且结果十分稳健。而以工业占比来衡量产业结构（IS）的影响则为负向，即第二产业占比越高的城市的工业绿色转型进程相对较慢。出现这一现象的原因可能在于：第一，工业占比较高的城市，由于较高的工业基数，高新技术的普及和应用无法在短期完成，转型升级的进程相对缓慢。第二，高新产业主要集中于第三产业中，第三，产业更为发达的城市在工业转型中将获得更多的人力、技术、金融等要素的支持，对工业绿色转型有极大的促进作用。

表4-6的模型1~模型4汇报了以技术市场市场化进程作为技术市场发展的衡量指标后的实证结果，同样采用了四种估计办法，即Tobit、动态FE、动态POLS和系统GMM模型进行测算。从测算的结果来看，更换了解释变量衡量指标后，技术市场发展对工业绿色转型依然呈现了显著的正向关系，并且正向关系在四种估计办法中具有一致性。其中，在Tobit模型结果中，技术市场发展（TMN）的影响系数值为0.042，在1%的水平上显著；动态FE模型结果中，技术市场发展（TMN）对工业绿色转型的影响系数值为0.037，在1%的水平上显著为正；动态POLS模型结果中，技术市场发展（TMN）的影响系数值为0.036，结果在1%的水平上显著；在系统GMM模型结果中，技术市场发展（TMN）对工业绿色转型的影响系数值为0.043，在1%的水平上显著。这些测算结果再一次地对上文技术市场发展与工业转型的影响效果进行检验。并再一次确定了技术市场发展对工业绿色转型产生的正向促进作用。

在其他控制变量方面，人力资本水平（HR）、外商直接投资（FDI）、产业规模（DS）、产业结构（IS）对工业绿色转型产生了促进作用，而经济发展水平（AGDP）和信息化程度（IN）则并不利于城市工业绿色转型。尽管部分的控制变量在更换解释变量后，测算结果与前文出现差异，但并未对技术市场发展的作用产生重大的影响，因而，更换解释变量后的实证检验依然可以很好地对上面技术市场发展对工业绿色转型的影响进行检验。技术市场发展促进了工业绿色转型，即技术市场发展程度越高的城市和地区，工业绿色转型进程越快。技术市场发展是地区工业绿色转型的重要推动力。

表4-6　　　　　　稳健性检验结果（2）

变量	模型1	模型2	模型3	模型4
TMN	0.042*** (3.02)	0.037*** (3.00)	0.036*** (2.95)	0.043*** (3.14)
HR	0.017* (1.86)	0.007 (0.85)	0.009 (1.05)	0.012 (1.29)
FDI	0.023** (2.38)	0.019** (2.10)	0.020** (2.24)	0.020** (2.06)
DS	-0.279*** (-3.57)	-0.258*** (-3.49)	-0.249*** (-3.37)	-0.297*** (-3.85)
IS	0.117 (1.56)	0.102 (1.56)	0.106 (1.62)	0.106 (1.46)
AGDP	-0.003 (-1.54)	-0.005** (-2.26)	-0.004** (-1.98)	-0.005** (-2.19)
IN	-0.041** (-2.28)	-0.032** (-2.04)	-0.033** (-2.09)	-0.038** (-2.16)
观测值	2272	2272	2272	2272
估计方法	Tobit	动态FE	动态POLS	系统GMM

注：*、**、***分别表示在10%、5%、1%的水平上显著。
资料来源：笔者整理。

2. 重新选取一些重要的控制变量

对人力资本水平（HR）等控制变量重新衡量。其中，人力资本水平选取地级市大学生数量，外商直接投资选取的是当年实际利用外资金额占国内生产总值的比例，信息化程度借鉴吴穹（2018）将移动电话普及率作为信息化程度的一项衡量指标。数据均来源于《中国城市统计年鉴》。

表4-7的模型1~模型4汇报了更换控制变量的衡量指标后的回归结果，结果显示，无论是重新选取了控制变量的衡量指标，还是更换了估计办法。模型的估计结果与前文依然保持较高的统一性。更换控制变量的指标后，技术市场发展（DTM）的影响系数在Tobit、动态FE、动态POLS和系统GMM四种估计办法的测算结果分别为0.064、0.055、0.064和0.053，影响结果均在1%的水平上显著。根据测算的结果，技术市场发展与工业绿色转型的影响与基准模型的影响方向一致，这表明了估计结果具有较好的稳健性。

表4-7　　　　　　稳健性检验结果（3）

变量	模型1	模型2	模型3	模型4
滞后一期	0.240*** (6.25)	0.214*** (11.48)	0.187** (2.46)	0.301*** (3.05)
DTM	0.064*** (3.98)	0.055*** (3.45)	0.064*** (3.99)	0.053*** (4.97)
HR	0.023 (1.25)	0.024 (1.35)	0.021 (1.15)	0.017 (1.49)
FDI	-0.280** (-2.07)	-0.257* (-1.95)	-0.302** (-2.25)	-0.311*** (-3.14)
DS	-0.050 (-0.52)	-0.018 (-0.19)	-0.052 (-0.54)	0.181*** (2.61)
IS	-0.002 (-0.61)	-0.003 (-0.93)	-0.003 (-0.97)	-0.005 (-1.56)

第四章　技术市场发展对工业绿色转型影响的实证研究

续表

变量	模型1	模型2	模型3	模型4
AGDP	-0.037* (-1.81)	-0.033* (-1.69)	-0.035* (-1.75)	-0.010 (-0.80)
IN	0.005 (0.93)	0.005 (0.98)	0.005 (0.86)	0.002 (0.59)
RKF 检验	—	—	—	—
观测值	1 988	1 988	1 988	1 988
估计方法	Tobit	动态 FE	动态 POLS	系统 GMM

注：*、**、***分别表示在10%、5%、1%的水平上显著。
资料来源：笔者整理。

（三）工具变量法

为了进一步缓解内生性问题，在此，将尝试使用工具变量克服可能由内生性问题引起的评估偏差。适当的工具变量必须与技术市场的发展非常相关，并且具有工业绿色转型的外生性，即外生变量只能通过技术市场的发展来影响工业绿色转型。

本章将科技综合技术服务业的从业人员（PS）作为工具变量，原因是：第一，变量的选取符合相关性要求。一般来说，科研综合技术服务业从业人员（PS）是技术市场发展的重要体现。从业人员数量越高，反映了技术市场发展的成熟度。因而，科技综合技术服务业从业人员数（PS）与技术市场发展（DTM）有较强的相关性。第二，变量满足了排他性的条件。工业绿色转型的目标为工业产品附加值提升、污染物排放减少和能源消耗的降低。而科技综合技术服务业从业人员并不能对工业绿色转型的目标产生影响，二者很难进行联系。由此，该指标的选择与工业绿色转型具有外生性。基于此，本章将采用2000年我国科技综合技术服务业的从业人员数量作为工具变量予以衡量。

鉴于本书的样本采用了均衡面板数据，而将2000当年的科技综合技术服务业从业人员作为工具变量将受限于固定效应模型的估计条件而无法实现，由此，本章借鉴纳恩和钱（Nunn and Qian, 2014）的做法，再找一个随时间变化的变量，将其与横截面数据做交互项。在这里，将选择上一年技术市场交易数量（与时间相关），该变量反映了全国的整体水平。将构造2009~2016年科研综合技术服务业从业人员数量（与个体变化有关）和上一年技术市场交易数量（与时间有关）的交互项，作为内生变量技术市场发展的工具变量。

表4-7模型5显示了工具变量两阶段最小二乘法第二阶段估计结果。每个模型的RKF测试统计数据显著高于具有10%水平偏差的F值的临界值16.39，表明了没有弱工具变量问题。此外，第二阶段回归的结果表明，内生变量技术的市场发展系数没有因为控制变量的增加而发生显著变化，这也间接地表明了估计变量满足排他性约束（Burchardi and Hassan, 2013）。此外，第一阶段回归的结果满足了工具变量相关性的假设（见表4-8）。由此可见，本章选择的工具变量有效。从表4-5中可以看出，模型5的工具变量的评估结果表明，每个解释变量的系数与模型1~模型4的评估结果在影响方向和显著性方面均无显著差异。这证实了先前的结论具有较好稳健性。

表4-8　工具变量二阶段最小二乘法估计结果（第一阶段）

变量	模型2	模型3
工具变量	0.154 *** (3.19)	0.129 *** (2.80)
控制变量	否	是
地区固定效应	是	是
时间固定效应	是	是
观测值	2 722	2 722
R^2值	0.357	0.336

注：*** 代表在1%的水平上显著。

资料来源：笔者整理。

第三节
技术市场发展影响工业绿色转型的传导机制检验

一、计量模型设定

上面的理论机制分析可知，工业技术效率和技术进步可能是技术市场发展影响工业绿色转型的机制路径。为了验证这一机制是否存在，参考了巴伦和肯尼（Baron and Kenny，1986）、温忠麟和叶宝娟（2014）使用的中介效应检验方法，构建以下的递归模型进行检验：

$$ITU_{it} = \alpha^* + \zeta ITU_{i,t-1} + \beta^* X_{it} + \delta_{it}^* \quad (4.7)$$
$$W_{it} = \sigma_0 + \sigma_1 W_{i,t-1} + \sigma_2 DTM_{it} + \gamma X_{it} + \tau_{it} \quad (4.8)$$
$$ITU_{it} = \psi_0 + \psi_1 ITU_{i,t-1} + \psi_2 DTM_{it} + \psi_3 W_{it} + \rho X_{it} + \nu_{it} \quad (4.9)$$

其中，X_{it} 为控制变量，W 表示中介效应，即技术进步和技术效率。因滞后项则可以在一定程度上控制遗漏变量的可能影响。因此为了提高分析结果的稳健性，在此，将中介变量滞后一期作为解释变量引入式（4.8）。如果这两种效应是技术市场发展作用于地方工业绿色转型的中介效应，那么 β 与 $\sigma_2\psi_3$ 符号都为正或都为负，而且，还可以依据公式 $\sigma_2\psi_3/\beta$ 计算出中介效应占总效应的比重。

借鉴温忠麟等（2004）、蔡海亚和徐盈之（2017）的做法，本书采用如下步骤进行中介效应检验：第 1 步，对式（4.7）进行回归，检验技术市场发展对地方工业绿色转型的估计系数是否显著。若 β 显著，进行第 2 步检验，这也意味着技术市场发展显著地影响了地区工业绿色转型。如果 β 不显著，则停止中介效应测试。执行第 2 步，检查式（4.8）中的系数 σ_2 是否显著。如果两个系数同时显著，则会产生中介效应，然后执行第 3 步的测试。如果 $\sigma_2\psi_3$ 中的至少一个不显著,则转到第4步进行测试。进行第3步,检查系数 ψ_2 是否有效。如果该值显著且绝对值小于式(4.7)的绝对值,则将产生部分中间效应,即技术市场发展对工业绿色转型的影响,部分取决于技术进步和技术效率。如果 ψ_3 不重要,则表明了完全的中介效应结果。第4步,将进行 Sobel 检验。统计量为 $Z = \sigma_2\psi_3/\sqrt{\sigma_2^2 S_{\psi_2}^2 + \psi_3^3 S_{\psi_3}^3}$,$S_{\eta_2}$ 和 S_{φ_3} 为 σ_2 和 ψ_3 的标准差。如果 Z 通过测试,则会发生中介效应,否则就没有中介效应。中介变量由前面 DEA 测算方法而得。

二、技术进步效应检验

(一) 回归结果分析

表4-9中的模型2显示,技术市场发展的系数显著为正,影响系数值为0.057,在5%的水平上显著。这表明了技术市场发展可以显著地推动工业技术进步,即技术市场发展程度越高,越有利于地方工业企业技术进步。模型3的估计结果显示,技术市场发展(DTM)和技术进步(TC)的系数均在1%的水平上显著为正,其中,技术市场发展(DTM)的影响系数值为0.052,小于基准模型中0.067的结果,这表明技术进步在技术市场发展对地方工业绿色转型中起到了中介效应的作用,即技术市场发展通过技术进步这一途径和机制促进了工业绿色转型,中介效应占总效应的比重为22.39%。

从控制变量的结果来看,外商直接投资(FDI)、产业规模(DS)对技术进步都起到了显著的推动作用,影响系数值分别为0.080、0.154,而人力资本水平(HR)、产业结构(IS)、人均生产总值(AGDP)和信息化程度(IN)对技术进步产生了不利的影响。其中,起到显著影响的反向作用的是人力资本水平(HR)和产业结构(IS),影响系数值分别为-0.082和-0.119,均在1%的水平上显著。

第四章 技术市场发展对工业绿色转型影响的实证研究

表4-9 传导机制的检验结果（技术进步效应）

变量	模型1 （基准估计） 工业绿色转型 （*ITU*）	模型2 工业技术进步 （*TC*）	模型3 工业转型升级 （*ITU*）
滞后一期	0.827*** (15.72)	0.023** (12.59)	0.557*** (13.15)
DTM	0.067** (1.99)	0.057** (2.06)	0.052*** (3.44)
HR	-0.012 (-0.60)	-0.082*** (-2.91)	0.014 (0.72)
FDI	0.068*** (3.96)	0.080*** (4.13)	0.024* (1.82)
DS	0.068*** (4.29)	0.154*** (3.32)	0.048*** (3.20)
IS	-0.103*** (-5.67)	-0.119*** (-4.95)	-0.080*** (-4.42)
AGDP	-0.027 (-1.33)	-0.032 (-0.97)	0.054*** (2.76)
IN	0.002 (0.11)	0.005 (0.15)	0.011 (0.63)
TC	—	—	0.496*** (27.47)
观测值	1 988	1 988	1 988
城市固定	是	是	是
年份固定	是	是	是
Sobel检验	—	σ_2 和 ψ_3 都显著，无须 Sobel 检验	
中介效应	—	显著	
中介效应/总效应	—	22.39%	

注：*、**、***分别表示在10%、5%、1%的水平上显著。
资料来源：笔者整理。

(二) 稳健性检验

1. 更换核心变量

为了确保经验结果的稳健性,我们将替换基本变量以检验上述结果的稳健性。表4-10汇报了更换了工业绿色转型与技术市场发展的衡量方式后传导机制的稳健性检验。其中,模型1和模型2以工业结构优化(ISO)作为被解释变量进行测算,模型3和模型4以技术市场中国市场化进程指数(TMN)作为解释变量予以测算。从模型1~模型4的测算结果来看,不论是更换技术市场发展的衡量指标还是更替工业绿色转型的衡量指标,工业技术进步均起到了显著的中介作用。其中,模型2中中介变量的影响系数为0.042,在5%的水平上显著;模型4中的中介变量影响系数值为0.057,影响效果在1%的水平上显著为正。实证结果认为上面传导机制的检验具有稳健性。

表4-10　传导机制的稳健性检验(更换核心变量)

变量	模型1 工业技术进步 (TC)	模型2 工业结构优化 (ISO)	模型3 工业技术进步 (TC)	模型4 工业绿色转型 (ITU)
滞后一期	0.023*** (12.59)	0.188*** (3.75)	0.195*** (3.83)	0.279*** (3.21)
DTM	0.057** (2.06)	0.035** (2.24)	—	—
TMN	—	—	0.150* (1.68)	0.144** (2.52)
HR	-0.082*** (-2.91)	-0.001 (-0.06)	0.087 (1.54)	0.085 (1.52)
FDI	0.080*** (4.13)	0.023 (1.38)	-0.005** (-2.14)	-0.007*** (-2.66)

续表

变量	模型1 工业技术进步 (TC)	模型2 工业结构优化 (ISO)	模型3 工业技术进步 (TC)	模型4 工业绿色转型 (ITU)
DS	0.154 *** (9.32)	-0.368 *** (-2.69)	-0.037 *** (-3.23)	-0.034 *** (-3.05)
IS	-0.119 *** (-4.95)	0.105 (0.91)	0.004 (1.11)	0.004 (1.20)
$AGDP$	-0.032 (-0.97)	-0.001 (-0.08)	0.201 *** (3.98)	0.188 *** (3.75)
IN	0.005 (0.15)	0.015 (0.74)	0.016 (1.42)	0.015 (1.36)
TC	—	0.042 ** (2.46)	—	0.057 *** (2.95)
观测值	1 988	1 988	1 988	1 988
城市固定	是	是	是	是
年份固定	是	是	是	是

注：*、**、*** 分别表示在10%、5%、1%的水平上显著。
资料来源：笔者整理。

2. 工具变量法

从表4-11中模型1的结果来看，技术市场发展（DTM）的回归系数为0.240，在1%的水平上显著。这说明了技术市场发展对工业技术进步有显著的促进作用。模型2是更换了核心变量，即使用工业结构优化（ISO）作为工业绿色转型的替代指标。从汇报的结果来看，DTM的影响系数依然为正数，数值为0.214，并且中介变量，即技术进步（TC）的影响系数为0.350，在1%的水平上显著。这表明了技术进步对工业结构优化（工业绿色转型）存在着重要的正向影响关系。模型3的测算结果表明，技术市场发展对工业绿色转型的影响正向且在5%的水平上显著（工具变量的影响系数为 0.187），并且，中介变量的影响系数为 0.178，同样在 1% 的水平上显著。模型 3 和模型 4 的测算结果均表明了技术市场发展对工业绿色转型的重要推动作用，并且工业技术进步在技术市场发展影响工业绿色转型中具有承担了部分的中介效应。结果验证了技术进步是技术市场发展影响工业绿色转型的影响机制这一假说，测算结果与上面的研究结论一致。

表 4-11　　　传导机制的稳健性检验（工具变量法）

变量	模型 1 工业技术进步（TC）	模型 2 工业结构优化（ISO）	模型 3 工业绿色转型（ITU）
DTM	0.240*** (6.25)	0.214*** (11.48)	0.187** (2.46)
HR	4.001*** (3.05)	3.882*** (3.79)	1.850 (0.88)
FDI	-0.280 (-1.34)	0.544** (2.07)	-0.323 (-0.90)
DS	0.366*** (5.89)	0.545*** (5.35)	0.289*** (6.38)
IS	0.158*** (4.57)	0.141*** (4.22)	0.100*** (3.00)
AGDP	-0.254*** (-14.35)	-0.251*** (-14.32)	-0.158*** (-9.25)
IN	0.418*** (8.50)	0.161*** (8.26)	0.109*** (5.88)
TC	—	0.350*** (9.38)	0.178*** (3.53)
观测值	2 272	2 272	2 272
城市固定	是	是	是
年份固定	是	是	是
RKF 检验	191.08	124.14	109.74

注：**、*** 分别表示在 5%、1% 的水平上显著。
资料来源：笔者整理。

三、技术效率效应检验

(一) 回归结果分析

从表 4-12 中模型 2 的估计结果可以看出,技术市场发展对工业技术效率起到正向的显著作用(影响值为 0.103)。影响结果在 1% 的水平上显著。而模型 3 中,技术市场发展依然保持对地方工业绿色转型正向的显著作用,工业技术效率的影响系数值为 0.024,在 10% 的水平上显著。这表明,技术效率的提升可以促进地方工业绿色转型,并在技术市场发展影响地方工业转型的机制上起到部分的中介作用。技术市场发展对工业绿色转型的影响在技术效率这一机制的影响下,由影响系数值 0.059 提升至基准模型的 0.067,中介效应占总效应的比重为 11.94%。

从控制变量来看,人力资本水平(HR)、产业规模(DS)和人均国内生产总值($AGDP$)均对工业技术效率提升有显著的正向作用。其中,人力资本水平(HR)的影响系数值为 0.072,在 5% 的水平上显著为正,表明人力资本水平对技术效率提升有重要的推动作用。产业规模(DS)的系数值为 0.081,在 1% 的水平上显著为正。经济发展水平($AGDP$)的影响系数值为 0.233,影响效果显著为正。

表 4-12　　传导机制的检验结果(技术效率效应)

变量	模型 1 (基准估计) 工业转型升级(ITU)	模型 2 工业技术效率(EC)	模型 3 工业绿色转型(ITU)
滞后一期	0.827*** (15.72)	0.334*** (24.54)	0.824*** (15.27)
DTM	0.067** (1.99)	0.103*** (3.97)	0.059** (2.02)

续表

变量	模型 1（基准估计）工业转型升级（ITU）	模型 2 工业技术效率（EC）	模型 3 工业绿色转型（ITU）
HR	-0.012 (-0.60)	0.072** (2.23)	-0.014 (-0.69)
FDI	0.068*** (3.96)	-0.095*** (-6.29)	0.071*** (4.15)
DS	0.068*** (4.29)	0.081*** (4.19)	0.068*** (4.29)
IS	-0.103*** (-5.67)	-0.094*** (-3.68)	-0.105*** (-4.98)
AGDP	-0.027 (-1.33)	0.233*** (7.36)	-0.032 (-1.50)
IN	0.002 (0.11)	0.090*** (2.95)	0.005 (0.21)
EC	—	—	0.024* (1.92)
观测值	1 988	1 988	1 988
城市固定	是	是	是
年份固定	是	是	是
Sobel 检验	—	σ_2 和 ψ_3 都显著，无须 Sobel 检验	
中介效应	—		显著
中介效应/总效应	—		11.94%

注：*、**、*** 分别表示在 10%、5%、1% 的水平上显著。
资料来源：笔者整理。

(二) 稳健性检验

1. 更换核心变量

表 4-13 汇报了更换了工业绿色转型与技术市场发展的衡量方式后传导机制的影响结果，以确保上面实证结果的稳健性。模型 1、模型 2 以工业结构优化（ISO）作为被解释变量进行测算，模型 3、模型 4 以技术市场中国市场化进程指数（TMN）作为解释变量予以测算。其中，模型 2 中中介变量的影响系数为 0.150，在 10% 的水平上显著。模型 4 中的中介变量的影响系数为 0.302，在 5% 的水平上，效果显著为正。实证结果来看，不论是更换技术市场发展的衡量指标还是更替工业绿色转型的衡量指标，工业技术进步均起到了显著的中介作用，上面的测算结果具有稳健性。

表 4-13　传导机制的稳健性检验（更换核心变量）

变量	模型 1 工业技术效率 (EC)	模型 2 工业结构优化 (ISO)	模型 3 工业技术效率 (EC)	模型 4 工业绿色转型 (ITU)
滞后一期	0.334 *** (24.54)	0.201 *** (3.98)	-0.289 *** (-3.13)	-0.331 *** (-3.34)
DTM	0.103 *** (3.97)	0.042 ** (2.39)	—	—
TMN	—	—	0.119 * (1.82)	0.168 ** (2.41)
HR	0.072 ** (2.23)	0.024 (1.22)	-0.006 ** (-1.99)	-0.007 ** (-2.02)
FDI	-0.095 *** (-6.29)	0.031 * (1.68)	-0.006 (-0.51)	-0.008 (-0.61)
DS	0.081 *** (4.19)	-0.450 *** (-2.92)	0.004 (1.05)	0.002 (0.62)

续表

变量	模型1 工业技术效率 (EC)	模型2 工业结构优化 (ISO)	模型3 工业技术效率 (EC)	模型4 工业绿色转型 (ITU)
IS	-0.094*** (-3.68)	0.158 (1.22)	0.100* (1.77)	0.070 (1.16)
$AGDP$	0.233*** (7.36)	-0.001 (-0.29)	0.004 (0.59)	0.005 (0.81)
IN	0.090*** (2.95)	0.008 (0.33)	0.096 (0.84)	0.082 (0.81)
EC	—	0.150* (1.68)	—	0.302** (2.25)
观测值	1 988	1 988	1 988	1 988
城市固定	是	是	是	是
年份固定	是	是	是	是

注：*、**、***分别表示在10%、5%、1%的水平上显著。
资料来源：笔者整理。

2. 工具变量法

在这里，我们将使用工具变量方法来检验上述经验结果的稳健性。表4-14显示了使用工具变量后测得的回归结果。模型1中，技术市场发展（DTM）的影响系数值为0.283，在1%的水平上显著为正，表明技术市场发展对工业技术效率有正向显著影响，即技术市场发展对技术效率提升有促进作用。模型2和模型3分别汇报了技术市场发展在中介变量的影响下，对工业绿色转型的影响作用。从测算的结果来看，不论是以工业结构优化为工业绿色转型的替代指标，还是基准模型中工业绿色转型的衡量方式，中介变量的影响系数均表现为显著为正，并且在1%的水平上显著。这表明了中介作用，即工业技术效率在技术市场发展对工业绿色转型中的作用。计算结果与上述结果吻合，表明上述研究结论是可靠的。

表4-14　　　　　传导机制的稳健性检验（工具变量法）

变量	模型1 工业技术效率（EC）	模型2 工业结构优化（ISO）	模型3 工业绿色转型（ITU）
DTM	0.283*** (4.16)	0.332*** (5.70)	0.281*** (3.77)
HR	0.121*** (5.82)	0.182*** (3.19)	0.508*** (4.05)
FDI	0.203*** (7.73)	0.063 (1.22)	0.003 (0.12)
DS	0.093*** (2.73)	0.167*** (3.59)	0.278*** (5.79)
IS	0.384*** (5.92)	0.214*** (6.62)	0.202*** (3.27)
AGDP	0.254*** (3.35)	0.251*** (4.32)	0.198*** (3.25)
IN	0.203*** (7.73)	0.003 (0.12)	0.203*** (7.73)
EC	—	0.358*** (3.38)	0.228*** (3.73)
观测值	2 272	2 272	2 272
城市固定	是	是	是
年份固定	是	是	是
R^2值	0.276	0.373	0.371
RKF检验	132.455	129.631	106.198

注：*** 表示在1%的水平上显著。
资料来源：笔者整理。

第四节

本章小结

本章首先对技术市场发展与工业绿色转型的相关性进行描述分析,并对其影响采用了多种估计方法进行实证检验。实证的结果表明,我国技术市场发展对工业绿色转型有显著的推动作用。实证结论与第二章的典型事实中关于技术市场发展与工业绿色转型相关性的探讨结果一致,也使得第三章的理论分析与研究假说得到了很好的验证。此外,本章节在验证了技术市场发展对工业绿色转型的积极影响的基础上,对技术市场发展对工业绿色转型的机制进行实证检验。实证结果表明,技术市场发展对工业绿色转型有较好的促进作用,并且是通过技术进步和技术效率提升得以实现。具体研究结论如下。

第一,技术市场发展与工业绿色转型呈现了强相关性,相关系数为 0.821。技术市场的细分市场中,技术开发市场与工业绿色转型呈现相关系数为 0.686 的强相关性,技术转让市场与工业绿色转型呈现相关系数为 0.632 的强相关性,技术咨询市场与工业绿色转型呈现相关系数为 0.262 的弱相关性,技术服务市场与工业绿色转型呈现相关系数为 0.683 的强相关性。散点图的拟合线还显示,技术市场发展与细分市场与技术进步和技术效率均呈现了一定的正向相关性。

第二,通过系统 GMM 估计办法对技术市场发展对工业绿色转型的影响进行实证研究。研究结果显示,我国技术市场发展对工业绿色转型有显著的推动作用,影响系数为 0.067,表示每提高 1 单位技术市场发展水平将促进 0.067 单位的工业绿色转型进程。而对技术进步和技术效率的中介效应进行测算的结果显示,技术进步在技术市场发展对工业绿色转型中的中介效应占总效应的比重为 22.39%,而技术效率在技术市场对工业绿色转型影响中发挥了部分中介效应，中介效应占总效应的比重为11.94%。

第三，对基准模型的稳健性检验结果也表明了技术市场发展对工业绿色转型的促进作用。具体如下：首先，采用Tobit估计方法重新测算后，技术市场发展对工业绿色转型的影响结论并未发生变化：技术市场发展对工业绿色转型的影响系数为0.263，显著正向影响。更换变量的衡量方式后在Tobit、动态FE、动态POLS和系统GMM四种估计办法的结果大多一致，以系统GMM的估计结果来看：将工业结构优化作为工业绿色转型的替代指标后，技术市场发展对工业绿色转型的影响系数为0.053，显著正向的影响；将技术市场中国市场化进程指数（TMN）作为技术市场发展的替代指标后，技术市场发展对工业绿色转型的影响系数为0.043，显著正向影响；重新选取人力资本水平、外商直接投资、信息化程度等控制变量的衡量办法后，技术市场发展对工业绿色转型的影响依然为正向显著关系，影响系数为0.053。其次，为了缓解内生性问题，本章构造的2009～2016年科研综合技术服务业从业人员数量（与个体变化有关）和上一年技术市场交易数量（与时间有关）的交互项来作为工具变量对实证结果进行检验。工具变量法的结果显示，技术市场发展对工业绿色转型的影响显著为正，影响系数为0.548，表明了实证结果有较好的稳健性。

第四，通过对技术进步效应的稳健性检验，认为技术进步与技术效率是技术市场发展促进工业绿色转型的传导机制。具体结论如下：首先是技术进步效应：将工业结构优化（ISO）作为工业绿色转型的替代指标后，技术市场发展对工业绿色转型的影响系数为0.035，显著正向的影响，技术进步的影响系数为0.042，影响显著为正；将技术市场中国市场化进程指数（TMN）作为技术市场发展的替代指标后，技术市场发展对工业绿色转型的影响系数为0.144，显著正向影响，技术进步的影响系数为0.057，影响显著为正。其次是技术效率效应：将工业结构优化（ISO）作为工业绿色转型的替代指标后，技术市场发展对工业绿色转型的影响系数为0.103，显著正向的影响，技术效率对工业绿色转型的影响系数为0.150，影响显著为正；将技术市场中国市场化进程指数（*TMN*）作为技术市场发展的替代指标后，技术市场发展对工业绿色转型的影响系数为0.119，显著正向影响，技术效率对工业绿色转型的影响系数为0.302，影响显著为正。工具变量法的结果表明了技术进步与技术效率在技术市场发展与工业绿色转型中承担了部分中介效应。实证结果显示，技术进步（*TC*）对工业绿色转型（*ITU*）的影响系数为0.178，显著为正；技术效率（*TE*）对工业绿色转型（*ITU*）的影响系数为0.228，显著正向影响。也就说明了技术进步、技术效率提升是技术市场发展促进工业绿色转型的重要机制。

第五章

技术市场发展促进工业绿色转型的异质性分析

不同地区的工业基础、制度环境与自然禀赋均有差异,技术市场发展的程度也不同。此外,不同时期,工业绿色转型的目标与进程存在差异,由此有这样的疑问,技术市场发展对工业绿色转型的影响是否存在地区差异呢?对这个问题的解答,能够更深刻地理解技术市场发展对工业绿色转型的影响,在政策层面具有更明确的指导价值。

第一节
技术市场发展影响的地区差异

理论上,东部沿海地区具有夯实的工业基础,经济发展水平较高。而长江经济带具备得天独厚的地理优势,并且大多具备较发达的农业、工业和科学技术,由此会有这样的疑问,是否东部沿海城市和长江经济带地区更有利于优化工业结构和结构化布局,从而促进中国经济提质增效升级。为了验证技术市场发展是否存在地区差异,这里引入地区的虚拟变量 D_1 和 D_2,即 D_1 为1表示东部沿海地区,D_1 为0表示其他地区;D_2 为1表示长江经济带地区,D_2 取0表示其他地区。在被解释变量中加入乘积项,如果虚拟变量的估计值显著大于0,说明与其他地区相比,技术市场发展对工业绿色转型的影响在东部沿海地区和长江经济带城市尤为显著。

一、回归结果分析

表 5-1 的模型 3 和模型 6 是通过两步系统 GMM 的测算结果。模型 3 滞后项的系数（0.615）处于动态 FE 模型和动态 POLS 模型对应系数在 0.828 和 0.341 之间，模型 6 的系数（0.329）在动态 FE 模型和动态 POLS 模型对应系数在 0.305 和 0.427 之间。并且 Hansen 检验和 AB 检验表明了将滞后项作为工具变量的选择具有合理性，并且确保了模型 3 和模型 6 的结果可靠且稳健。

表 5-1　技术市场发展对地方工业绿色转型影响的地区差异

变量	模型 1	模型 2	模型 3	模型 4	模型 5	模型 6
L.ITU	0.828 *** (45.87)	0.341 *** (12.18)	0.615 *** (25.63)	0.427 *** (45.80)	0.305 *** (11.98)	0.329 *** (25.93)
DTM	0.124 *** (3.32)	0.181 ** (2.44)	0.131 *** (3.64)	0.124 ** (2.28)	0.150 *** (2.86)	0.129 *** (3.59)
HR	-0.014 (-0.74)	0.011 (0.32)	-0.014 (-0.69)	-0.008 (-0.41)	0.012 (0.35)	-0.007 (-0.34)
FDI	0.066 *** (3.76)	0.031 (1.15)	0.065 *** (3.79)	0.072 *** (4.11)	0.035 (1.26)	0.068 *** (3.95)
DS	0.092 *** (5.50)	0.114 *** (3.82)	0.068 *** (4.23)	0.089 *** (5.12)	0.115 *** (3.85)	0.058 *** (3.40)
IS	-0.102 *** (-5.80)	-0.236 *** (-6.00)	-0.104 *** (-4.91)	-0.097 *** (-5.50)	-0.244 *** (-6.10)	-0.100 *** (-4.78)
AGDP	-0.015 (-0.76)	0.610 *** (7.99)	-0.030 (-1.44)	-0.016 (-0.77)	0.619 *** (7.94)	-0.032 (-1.57)
IN	-0.013 (-0.54)	-0.085 * (-1.67)	0.005 (0.23)	-0.023 (-0.95)	-0.074 (-1.44)	-0.008 (-0.37)

续表

变量	模型1	模型2	模型3	模型4	模型5	模型6
$D_1 \times DTM$	0.015* (1.73)	0.134* (1.78)	0.118* (1.93)	—	—	—
$D_2 \times DTM$	—	—	—	0.207** (2.04)	0.204** (2.49)	0.212*** (2.93)
R^2值	0.630	0.166	—	0.539	0.288	—
观测值	1 988	1 988	1 988	1 988	1 988	1 988
AR(2)-test P值	—	—	0.357	—	—	0.246
Hansen-test P值	—	—	0.161	—	—	0.143
估计方法	动态POLS	动态FE	两步系统GMM	动态POLS	动态FE	两步系统GMM

注：*、**、***分别表示在10%、5%、1%的水平上显著。
资料来源：笔者整理。

从模型3可以看出，技术市场发展的系数为正值（0.131），地区虚拟变量与技术市场的乘积项（$D_1 \times DTM$）的系数值为正值，系数值为0.118。这说明，技术市场发展对工业绿色转型产生了促进作用，特别在长江经济带地区的促进作用加强。模型6可以看到，技术市场发展（DTM）的影响系数为0.129，在1%的水平上显著为正，而虚拟变量与技术市场的乘积项（$D_2 \times DTM$）的系数值为正值（0.212），也在1%的水平上显著，这表明了技术市场发展在东部沿海地区对工业绿色转型的影响更为有效。

究其原因，可能有两方面。一方面是不论是东部沿海地区还是长江经济带，所包含的城市具有较好的区位优势。长江经济带的城市分布于中国东部沿海地区和中西部地区，交通设施完善，改善了因行政分割而造成的市场壁垒困境，在空间上打破了经济增长的固态，在促进生产要素自由流动和优化要素的效率方面有较好的优势。而东部沿海地区有得天独厚的自然禀赋，陆运、航运和海运均较为发达，基于东部沿海地区在改革开放以来的经济沉淀，具有雄厚的工业基础背景，技术市场的发展对该地区的工业转型成效更为显著。另一方面是由于东部沿海地区和长江经济带地区集聚了高科技的工业行业，且具备较好的人力资本，技术管理水平相对较为先进，可以更好地推动节能环保技术的研发和扩散，更好地降低工业能耗、减少工业污染物的排放和提高工业产品的附加值，促进工业的转型升级。

二、稳健性检验

（一）分组检验分析

为了更好地确保上述结果的稳健性，在这里将以地区划分进行分组检验。其中，D_1 为 1 表示东部沿海地区，D_1 为 0 表示除东部沿海地区以外的其他地区；D_2 为 1 表示长江经济带地区，D_2 取 0 表示除长江经济带地区以外的其他地区，表 5-2 报告了分组后的实证结果。

表 5-2 中模型 1 和模型 2 主要检验了技术市场发展对东部沿海地区绿色工业转型的影响以及东部沿海地区以外地区的影响变化。技术市场发展（DTM）的影响系数值在模型 1 中为 0.227，在 1% 的水平上显著，而在模型 2 中的影响系数值为 0.158，在 10% 的水平上显著。表明技术市场发展对各地区的工业绿色转型均有正向的促进作用。其中，技术市场发展在东部沿海地区的影响效果要高于除东部沿海地区的其他地区，这一结果与上文的实证结果相同，即技术市场发展对工业绿色转型的影响在东部地区中更为显著。通过对比模型 3 和模型 4 的测算结果可知，模型 3 中技术市场发展的影响系数值为 0.168，在 5% 的水平上显著为正。而模型 4 中的技术市场发展对工业绿色转型呈现了显著的正向作用，影响系

数值为 0.105。这不仅再一次验证了我国技术市场发展对各地区工业绿色转型的重要影响,也显示出了在长江经济带和非长江经济带中的影响差异。研究结论与前面保持较高的一致性。

表 5-2　　　　　　　地区异质性的稳健性检验

变量	模型 1 $D_1 = 1$	模型 2 $D_1 = 0$	模型 3 $D_2 = 1$	模型 4 $D_2 = 0$
DTM	0.227*** (2.69)	0.158* (1.72)	0.168** (2.41)	0.105* (1.91)
HR	0.002 (0.11)	-0.001 (-0.08)	0.001 (0.06)	-0.005 (-0.42)
FDI	0.048*** (3.10)	0.041*** (2.65)	0.046*** (2.94)	0.012 (1.11)
DS	0.010 (0.51)	0.010 (0.48)	0.007 (0.35)	-0.013 (-1.07)
IS	-0.037* (-1.81)	-0.033* (-1.69)	-0.035* (-1.75)	-0.010 (-0.80)
AGDP	0.064*** (3.98)	0.055*** (3.45)	0.064*** (3.99)	0.053*** (4.97)
IN	0.023 (1.25)	0.024 (1.35)	0.021 (1.15)	0.017 (1.49)
R^2 值	0.256	0.279	0.275	0.156
观测值	696	1 576	240	2 032

注:*、**、*** 分别表示在 10%、5% 和 1% 的水平上显著。
资料来源:笔者整理。

(二)工具变量法

表 5-3 汇报了使用工具变量法的实证结果。模型 1 和模型 2 汇报了区分东部沿海城市与其他城市下技术市场发展对工业绿色转

型的影响,从测算的结果来看,技术市场发展在东部沿海地区($D_1=1$)和除东部沿海的其他地区($D_1=0$)中,均表现了正向的促进关系,影响系数值分别为 0.494 和 0.167,其中,在东部沿海地区的影响显著性水平高于除东部沿海的其他地区,显著性水平分别为 1% 和 5%。模型 3 和模型 4 区分了长江经济带城市与其他城市在技术市场发展影响工业绿色转型中的差异性。从回归结果来看,不论在长江经济带还是在除长江经济带的其他城市,技术市场发展与工业绿色转型均呈现了正向推进关系,影响系数值为 0.706 和 0.384,分别在 1% 和 5% 的水平上显著为正。这一基础结论与模型 1 和模型 2 的结果一致,表明了研究结论的稳健性。

表 5-3　　　　　　　　工具变量估计结果

变量	模型 1 $D_1=1$	模型 2 $D_1=0$	模型 3 $D_2=1$	模型 4 $D_2=0$
DTM	0.494 *** (3.06)	0.167 ** (1.92)	0.706 *** (3.20)	0.384 ** (2.46)
HR	3.924 *** (5.36)	-0.531 (-0.43)	4.700 *** (5.45)	0.508 *** (4.05)
FDI	0.707 *** (2.86)	1.820 *** (3.97)	-0.194 (-0.81)	-0.003 (-0.12)
DS	0.240 *** (6.25)	0.214 *** (11.48)	0.187 ** (2.46)	0.214 *** (8.62)
IS	-4.001 ** (-3.05)	-3.882 *** (-3.79)	-1.850 (-0.88)	0.283 *** (8.16)
AGDP	-0.280 (-1.34)	0.544 ** (2.07)	-0.323 (-0.90)	-0.063 (-1.22)
IN	0.366 *** (5.89)	0.545 *** (5.35)	0.289 *** (6.38)	-0.203 *** (-7.73)
观测值	696	1 576	240	2 032

续表

变量	模型1 $D_1=1$	模型2 $D_1=0$	模型3 $D_2=1$	模型4 $D_2=0$
城市固定	是	是	是	是
年份固定	是	是	是	是
RKF检验	133.36	117.36	125.70	141.66

注：*、**、***分别表示在10%、5%、1%的水平上显著。
资料来源：笔者整理。

第二节 技术市场发展影响的时期差异

党的十八大以来，中央政府不断深化科技体制改革，多次提出了科技创新的战略地位，并采取了相关措施鼓励技术创新，加强专利、技术等先进项目的知识产权保护。2015年，《中华人民共和国促进科技成果转化法》在进行了修正。理论上，科技体制的改革可以促进工业技术的创新，提高城市的绿色生产率，对此，本章设定虚拟变量T，T取0代表科技体制改革前期，即《中华人民共和国促进科技成果转化法》修正之前，T取值为1表示科技体制改革后期。表5-4模型3汇报了两步系统GMM的估计结果，FE模型和动态POLS模型结果显示稳健，Hansen检验和AB检验满足GMM估计条件。

一、回归结果分析

表5-4汇报了检验时期异质性的回归结果，从模型1~模型3可以看出，时期虚拟变量与技术市场的乘积项（$T \times DTM$）的系数值为正值（0.112），且在10%的水平上显著。这表明科技体制改革显著地促进了地方工业绿色转型，这符合一般理论。有效实施创

新驱动发展战略,不仅增加了我国工业经济的增长率,改变了现有我国传统的经济增长模式,改善了经济发展的质量水平,并且通过技术的渗透作用提高生产率,通过降低能源消耗和环境污染物的排放,改变以往过度消耗资源的生产模式,对环境保护有较好的促进作用。这不仅提高了工业企业的竞争力,还促进了地方工业的转型升级。

表 5-4 技术市场发展对地方工业绿色转型影响的时期差异

变量	模型 1	模型 2	模型 3
L. ITU	0.726 *** (17.55)	0.934 *** (17.75)	0.734 *** (17.73)
DTM	0.022 * (1.82)	0.034 * (1.74)	0.120 *** (3.62)
HR	0.012 (0.62)	0.017 (0.92)	0.018 (0.95)
FDI	0.060 *** (3.88)	0.056 *** (3.56)	0.056 *** (3.79)
DS	0.055 *** (3.22)	0.058 *** (3.35)	0.059 *** (3.36)
IS	-0.078 *** (-3.21)	-0.103 *** (-3.72)	-0.101 *** (-3.64)
AGDP	0.038 * (1.70)	0.049 ** (2.10)	0.050 ** (2.12)
IN	0.057 ** (2.16)	0.064 ** (2.15)	0.052 * (1.72)
T × DTM	0.107 ** (2.04)	0.124 ** (2.49)	0.112 * (1.93)
R^2 值	0.518	0.341	—

续表

变量	模型1	模型2	模型3
AR(2)-test P值	—	—	0.246
Hansen-test P值	—	—	0.143
观测值	1 988	1 988	1 988
估计方法	动态POLS	动态FE	两步系统GMM

注：*、**、***分别表示在10%、5%、1%的水平上显著。
资料来源：笔者整理。

二、稳健性检验

（一）分组检验分析

为了更好地对实证结果的稳健性进行检验，在这里将根据时期差异进行分组估计。T取0代表科技体制改革前期，即《中华人民共和国促进科技成果转化法》修正之前，T取值为1表示科技体制改革后期。表5-5中模型1和模型2汇报了分组检验的回归结果。通过对比模型1和模型2的测算结果可以发现，技术市场发展均对工业绿色转型产生促进作用，其中，模型1和模型2的测算结果显示，技术市场发展的影响系数分别为0.131和0.029，结果在1%和10%的水平上显著。这表明了技术市场发展在不同时期下对工业绿色转型的不同影响。在这里主要体现在，经过《中华人民共和国促进科技成果转化法》的修正实施，技术市场发展对工业绿色转型的影响效果显著增加，即科技体制改革可以有效地推动技术市场发展的工业绿色转型效应。分组检验的结果显示，研究结论与前文的结果报告一致，体现了研究结果的稳健性。

（二）工具变量法

表5-5中模型3和模型4显示了工具变量的测算结果。从结

果来看,当 $T=1$ 时,技术市场发展对工业绿色转型的影响系数为 0.122,在 5% 的水平上显著为正。表明,在 $T=1$ 时期内,技术市场发展对工业绿色转型有着较为显著的正向推动作用。当 $T=0$ 时,工具变量的影响系数为 0.034,在 10% 的水平上显著。这里有两点可以强调:第一,无论在 $T=1$ 或者是 $T=0$ 时期内,技术市场发展对工业绿色转型都有显著的正向作用,即技术市场发展是工业绿色转型的重要影响因素。第二,对比 $T=1$ 和 $T=0$ 两个时期下技术市场发展对工业绿色转型的影响差异,可以发现,尽管两个时期段的解释变量的回归结果均呈现了显著性,但 $T=1$ 时技术市场发展的影响系数大于 $T=0$ 时期,且显著性水平 $T=1$ 高于 $T=0$ 时期。这表明在 $T=1$ 时期,技术市场发展对工业绿色转型的影响高于 $T=0$ 时期。这验证了技术市场发展对工业绿色转型影响的时期差异性,实证结果也与前面相符,表明了研究结论的可靠性。

表 5-5 技术市场发展对地方工业绿色转型影响的时期差异

变量	模型 1 ($T=1$)	模型 2 ($T=0$)	模型 3 (工具变量,$T=1$)	模型 4 (工具变量,$T=0$)
DTM	0.131*** (3.80)	0.029* (1.72)	0.122** (2.22)	0.034* (1.74)
HR	0.181*** (2.61)	0.119* (1.82)	0.012 (0.62)	0.017 (0.92)
FDI	-0.005 (-1.56)	-0.006** (-1.99)	0.060*** (3.88)	0.056*** (3.56)
DS	-0.010 (-0.80)	-0.006 (-0.51)	0.055*** (3.22)	0.058*** (3.35)
IS	0.002 (0.59)	0.004 (1.05)	-0.078*** (-3.21)	-0.103*** (-3.72)
AGDP	0.082 (1.36)	0.100* (1.77)	0.038* (1.70)	0.049** (2.10)

续表

变量	模型1 ($T=1$)	模型2 ($T=0$)	模型3 (工具变量,$T=1$)	模型4 (工具变量,$T=0$)
IN	0.096 (0.84)	0.082 (0.81)	0.057** (2.16)	0.064** (2.15)
R^2值	0.566	0.456	0.378	0.356
观测值	568	1 704	568	1 704

注：*、**、***分别表示在10%、5%、1%的水平上显著。
资料来源：笔者整理。

第三节 细分技术市场对工业绿色转型的影响

技术市场交易是中国社会主义市场经济条件下，促进科技成果转化的中间平台，可以有效推动科技成果的商品化（潘雄锋和刘凤朝，2005；汤亚非和邹纲明，2009；张汝飞等，2016），是技术商品交换的总和，涵盖了技术产品研发应用和产业化流通等各个环节，通过围绕科技创新，可以促进成果转化、产业化和技术资源的有效配置，反映了地区的科技创新和转化能力（张欣炜和林娟，2015）。技术合同的输出和吸纳机构主要是机关、事业单位和企业，其中事业单位主要包括科研机构和高等院校。

根据前面已知，技术市场发展对地方工业绿色转型具有显著的促进作用，技术市场交易直接反映了技术市场发展水平。对此，会有这样的疑问：细分的各个技术市场是否会对工业绿色转型产生不同影响？

一、回归结果分析

表5-6汇报了技术开发等四个细分技术市场的发展分别对地

方工业绿色转型的影响。

表5-6 细分技术市场发展对地区工业绿色转型的影响

变量	模型1	模型2	模型3	模型4	模型5	模型6	模型7	模型8
	工业绿色转型（ITU）				工业结构优化（ISO）			
滞后一期	0.816*** (26.40)	0.815*** (26.71)	0.818*** (25.63)	0.813*** (27.14)	0.657*** (28.81)	0.643*** (29.55)	0.662*** (28.93)	0.653*** (25.15)
TE	0.059*** (3.97)				0.016** (2.24)		—	—
TT		0.032* (1.72)		—		0.087** (2.21)		
TC			0.018 (0.90)				0.005 (1.13)	—
TS				0.030* (1.92)				0.012* (1.68)
HR	-0.014 (-0.68)	-0.012 (-0.59)	-0.004 (-0.21)	-0.025 (-1.22)	-0.005 (-0.57)	-0.004 (-0.40)	-0.009 (-1.02)	-0.008 (-0.88)
FDI	0.067*** (3.96)	0.065*** (3.77)	0.072*** (4.20)	0.058*** (3.23)	-0.021** (-2.41)	-0.021** (-2.49)	-0.016* (-1.92)	-0.016** (-1.99)
DS	0.068*** (4.28)	0.069*** (4.32)	0.059*** (3.72)	0.072*** (4.38)	-0.013 (-0.87)	-0.013 (-0.91)	-0.010 (-0.76)	-0.010 (-0.79)
IS	-0.098*** (-4.62)	-0.100*** (-4.84)	-0.101*** (-4.80)	-0.094*** (-4.55)	0.043*** (3.08)	0.042*** (3.02)	0.037*** (3.00)	0.036*** (2.95)
AGDP	-0.029 (-1.39)	-0.033 (-1.52)	-0.049** (-2.20)	-0.010 (-0.44)	0.015 (1.62)	0.017* (1.86)	0.007 (0.85)	0.009 (1.05)
IN	0.010 (0.44)	0.007 (0.33)	-0.007 (-0.32)	0.029 (1.35)	0.021** (2.21)	0.023** (2.38)	0.019** (2.10)	0.020** (2.24)
观测值	1988	1988	1988	1988	1988	1988	1988	1988

第五章 技术市场发展促进工业绿色转型的异质性分析

续表

变量	模型1	模型2	模型3	模型4	模型5	模型6	模型7	模型8
	工业绿色转型（ITU）				工业结构优化（ISO）			
AR (2) - test P值	0.228	0.231	0.263	0.341	0.246	0.244	0.265	0.229
Hansen-test P值	0.234	0.158	0.273	0.416	0.318	0.521	0.273	0.260
估计方法	两步系统GMM							

注：*、**、***分别表示在10%、5%、1%的水平上显著。
资料来源：笔者整理。

表5-6中模型1~模型3估计的是技术开发对工业绿色转型的影响。从估计结果来看，技术开发的系数值为0.059，在1%的水平上显著，这表明了技术开发市场发展对工业绿色转型产生了显著的正向的促进作用。模型2和模型4估计了技术转让市场发展和技术服务市场发展对工业绿色转型的影响。从结果可以看出，技术转让市场（TT）的影响系数值为0.032，在10%的水平上显著，而技术服务的系数值为0.030，在10%的水平上显著，表明技术转让和技术服务均对工业绿色转型产生了显著的推动作用，且技术转让对工业绿色转型的正向推动作用更强。而模型3报告的是技术咨询的影响结果，技术服务的系数值为0.018，影响效果并不显著。

根据回归结果，细分的四个技术市场对地方工业绿色转型的影响作用存在一定差异，根据影响系数的排序第一为技术开发市场发展（TE）（影响系数值0.059）、排序第二为技术转让市场发展（TT）（影响系数值0.032）、排序第三和第四分别为技术服务市场发展（TS）（影响系数值0.030）以及技术咨询的市场发展（TC）（影响系数值0.018）。相比于基准模型中对总体技术市场发展的影响系数（0.037），技术转让市场（TT）、技术服务市场（TS）和技术咨询市场（TC）仍需进一步提升，以促进地方工业绿色转型。

表 5-6 中模型 5~模型 8 汇报了将工业结构优化指标作为工业绿色转型的替代指标的测算结果。模型 5~模型 8 分别为四类主要的技术市场分类对工业绿色转型的主要影响。根据测算的结果来看，技术市场的四项细分市场（TE、TT、TC、TS）的发展均对工业结构优化（工业绿色转型）产生正向推动作用，影响系数值分别为 0.016、0.087、0.005 和 0.012。其中，技术开发市场、技术转让市场和技术服务市场的发展对工业结构优化的影响较为显著，分别在 5%、5% 和 10% 的水平上显著，而技术咨询市场尽管对工业结构优化（工业绿色转型）的影响为正，但影响效果并不显著。这一结论与前面保持了较高的一致性。

二、稳健性检验

为了更好地确保上述结果的稳健性，在这里将使用混合最小二乘法（POLS）和固定效应模型对结论进行进一步检验。此外，本章还将借助工具变量法缓解内生性中的潜在反向因果和遗漏变量等问题，来准确获得细分技术市场发展对工业绿色转型的影响。基于前面的分析上，在这里将构造 2009~2016 年科研综合技术服务业从业人员数量（与个体变化有关）和上一年四个细分技术市场交易数量（与时间有关）的交互项，作为内生变量细分技术市场发展的工具变量。

（一）技术开发市场发展

表 5-7 的模型 1 显示了混合最小二乘法（POLS）的回归结果，而模型 2 固定效应模型（FE）的测算结果进行汇报。从回归结果来看，技术开发市场发展（TE）对工业绿色转型的影响为正，影响系数分别为 0.181 和 0.075，分别在 1% 和 10% 的水平上显著。表明了技术开发市场发展对工业绿色转型的正向影响。以固定效应模型的测算为例（模型 2），技术开发市场每提升 1%，将推动工业

绿色转型 0.075%。

表 5-7　　　　稳健性检验（技术开发市场）

变量	模型1	模型2	模型3 （工具变量）	模型4 （工具变量）
被解释变量滞后一期	0.835 *** (47.02)	0.344 *** (12.26)	—	—
TE	0.181 *** (2.83)	0.075 * (1.68)	0.072 *** (6.37)	0.068 *** (3.99)
HR	-0.023 (-1.17)	0.013 (0.39)	—	0.315 * (1.70)
FDI	0.072 *** (4.12)	0.030 (1.11)	—	0.123 *** (3.82)
DS	0.088 *** (5.22)	0.115 *** (3.84)	—	0.276 * (1.87)
IS	-0.093 *** (-5.37)	-0.239 *** (-6.09)	—	0.174 *** (3.99)
AGDP	-0.006 (-0.32)	0.621 *** (8.47)	—	0.165 *** (3.26)
IN	-0.002 (-0.07)	-0.086 * (-1.75)	—	0.042 ** (2.25)
观测值	1 988	1 988	2 272	2 272
R^2 值	0.496	0.242	0.266	0.214
估计方法	动态 POLS	动态 FE	两阶段最小 二乘法	两阶段最小 二乘法
地级市固定效应	是	是	是	是
年份固定效应	是	是	是	是

注：*、**、*** 分别表示在 10%、5%、1% 的水平上显著。
资料来源：笔者整理。

表 5-7 中的工具变量法的结果显示（模型 3～模型 4），无论是单独将技术开发市场发展作为解释变量，还是增加了人力资本水平（HR）、外商直接投资（FDI）、产业规模（DS）、产业结构（IS）、经济发展水平（$AGDP$）和信息化程度（IN）等控制变量，工具变量的影响水平均呈现显著正向，系数值分别为 0.072 和 0.068，并且在 1% 的水平上显著。第一阶段的回归结果（表 5-8）显示，工具变量的影响系数为正，表明了其满足了相关性的条件。由此可见，本章选取的工具变量合理有效。工具变量法的回归结果表明了技术开发市场的发展可以显著促进工业绿色转型。技术开发市场发展指数每提高 1%，工业绿色转型效率将提升 0.068%。这与上面的结论相符，表明实证结果具有较好的稳健性。

表 5-8　工具变量二阶段最小二乘法估计结果（技术开发市场）

变量	模型 1	模型 2
工具变量	0.074 ** (2.06)	0.059 * (1.86)
控制变量	否	是
地区固定效应	是	是
时间固定效应	是	是
观测值	2 722	2 722
R^2 值	0.566	0.357

注：*、**、*** 分别表示在 10%、5%、1% 的水平上显著。
资料来源：笔者整理。

（二）技术转让市场发展

从表 5-9 的模型 1 和模型 2 汇报的回归结果来看，无论是使用混合最小二乘法（POLS）还是固定效应模型（FE）的估计方法，技术转让市场发展（TT）对工业绿色转型的影响为正，影响系数分别为 0.103 和 0.150，均在 10% 的水平上显著。表明了技术转让市场发展对工业绿色转型的正向影响。以固定效应模型的测算为例（模型2），技术转让市场每提升1%，工业绿色转型效率将提升0.150%。

表5-9　　　　　　　稳健性检验（技术转让市场）

变量	模型1	模型2	模型3 （工具变量）	模型4 （工具变量）
被解释变量滞后一期	0.834*** (47.14)	0.342*** (12.22)	—	—
TT	0.103* (1.69)	0.150* (1.85)	0.162** (2.26)	0.155** (2.12)
HR	-0.020 (-1.01)	0.015 (0.44)	—	0.043* (1.91)
FDI	0.071*** (4.02)	0.037 (1.36)	—	-0.016 (-1.40)
DS	0.090*** (5.41)	0.112*** (3.73)	—	0.061*** (4.04)
IS	-0.095*** (-5.45)	-0.243*** (-6.18)	—	0.140*** (12.19)
$AGDP$	-0.009 (-0.46)	0.547*** (7.78)	—	0.042*** (4.25)
IN	-0.006 (-0.26)	-0.089* (-1.82)	—	0.177* (1.73)
R^2值	0.235	0.245	0.266	0.214
观测值	1 988	1 988	2 272	2 272
估计方法	动态POLS	动态FE	两阶段 最小二乘法	两阶段 最小二乘法
地级市固定效应	是	是	是	是
年份固定效应	是	是	是	是

注：*、**、***分别表示在10%、5%、1%的水平上显著。
资料来源：笔者整理。

表5-9的工具变量法的回归结果显示（模型3~模型4）。从结果来看，在未控制相关变量下，技术转让市场发展（TT）对工业绿色转型的影响系数为0.162，在5%的水平上显著。控制人力资本水平（HR）、外商直接投资（FDI）、产业规模（DS）、产业结构（IS）、经济发展水平（$AGDP$）和信息化程度（IN）等变量后，技术转让市场发展（TT）的影响系数调整为0.155，依然在5%的水平上显著。第一阶段的回归结果（见表5-10）满足了工具变量的相关性假设表明了工具变量的有效性。工具变量法的回归结果证明了技术转让市场的发展对工业绿色转型的积极影响。从系数来看，技术转让市场发展指数每提高1%，提升了工业绿色转型效率0.155%。实证结果与上文的结论相符，表明了研究结果稳健可靠。

表5-10 工具变量二阶段最小二乘法估计结果（技术转让市场）

变量	模型1	模型2
工具变量	0.188 * (1.86)	0.258 ** (2.52)
控制变量	否	是
地区固定效应	是	是
时间固定效应	是	是
观测值	2 722	2 722
R^2值	0.502	0.430

注：*、**分别表示在10%、5%的水平上显著。
资料来源：笔者整理。

（三）技术咨询市场发展

表5-11中模型1和模型2汇报了混合最小二乘法（POLS）和固定效应模型（FE）下的实证结果。模型1中，技术咨询市场发展（TC）对工业绿色转型的影响系数为正，影响系数为0.039。而在模型2中，技术咨询市场发展（TC）对工业绿色转

第五章 技术市场发展促进工业绿色转型的异质性分析

型的影响系数为 0.074。这表明了技术咨询市场发展对工业绿色转型有一定的积极的作用。影响效果具体为：以固定效应模型的测算结果为例，技术咨询市场每提升 1%，推动了工业绿色转型效率提升 0.074%。

工具变量法的回归结果显示（模型3和模型4），技术咨询市场的发展对工业绿色转型有正向作用，但是影响效果并不显著。从模型3来看，技术咨询市场发展（TC）对工业绿色转型的影响系数为 0.035。在加入控制变量后，技术咨询市场发展（TC）的影响系数调整为 0.077，依然未通过显著性水平检验。第一阶段汇报的回归结果（见表5-12）显示，工具变量的影响系数显著为正，表明了其在相关性要求上满足条件，因而具有有效性。

表5-11　　　　　稳健性检验（技术咨询市场）

变量	模型1	模型2	模型3（工具变量）	模型4（工具变量）
被解释变量滞后一期	0.829 *** (46.63)	0.340 *** (12.25)	—	—
TC	0.039 * (1.65)	0.074 (1.53)	0.035 (1.63)	0.077 (1.31)
HR	-0.009 (-0.46)	0.024 (0.74)	—	0.098 *** (2.84)
FDI	0.072 *** (4.10)	0.028 (1.04)	—	0.477 *** (10.12)
DS	0.088 *** (5.32)	0.091 *** (3.03)	—	-0.014 (-0.52)
IS	-0.096 *** (-5.57)	-0.220 *** (-5.63)	—	0.186 *** (7.02)
$AGDP$	-0.021 (-0.99)	0.451 *** (6.26)	—	0.183 *** (8.82)

续表

变量	模型1	模型2	模型3（工具变量）	模型4（工具变量）
IN	-0.020 (-0.84)	-0.142*** (-2.85)	—	0.265*** (7.67)
R^2值	0.236	0.241	0.371	0.374
观测值	1 988	1 988	2 272	2 272
估计方法	动态POLS	动态FE	两阶段最小二乘法	两阶段最小二乘法
地级市固定效应	是	是	是	是
年份固定效应	是	是	是	是

注：*、**、***分别表示在10%、5%、1%的水平上显著。
资料来源：笔者整理。

表5-12　工具变量二阶段最小二乘法估计结果（技术咨询市场）

变量	模型1	模型2
工具变量	0.187*** (5.03)	0.174*** (3.42)
控制变量	否	是
地区固定效应	是	是
时间固定效应	是	是
观测值	2 722	2 722
R^2值	0.502	0.430

注：*、**、***分别表示在10%、5%、1%的水平上显著。
资料来源：笔者整理。

根据结果显示，不论更换模型的估计办法，还是通过工具变量法进行进一步稳健性检验，回归结果均表明了技术咨询市场发展与工业绿色转型的正向非显著性影响关系。从工具变量法的回归系数来看，技术咨询市场发展指数每提高1%，工业绿色转型提升

0.077%。实证结果与前文保持较好的一致性。

(四) 技术服务市场发展

从表 5 - 13 的模型 1 和模型 2 汇报的回归结果来看,无论是使用混合最小二乘法(POLS)还是固定效应模型(FE)的估计方法,技术服务市场发展(TS)对工业绿色转型的影响均显著为正,影响系数分别为 0.037 和 0.070,分别在 10% 和 5% 的水平上显著。两组测算结果均表明了技术服务市场发展对工业绿色转型的正向影响。以固定效应模型的测算为例(模型 2),技术服务市场发展每提升 1%,工业绿色转型效率将提升 0.070%。

模型 3 和模型 4 汇报了工具变量法的回归结果。模型 3 汇报了为控制相关变量下,技术服务市场发展(TS)对工业绿色转型的影响。从结果来看,技术转让市场发展(TS)的影响系数为 0.301,在 1% 的水平上显著。模型 4 控制了人力资本水平(HR)、外商直接投资(FDI)、产业规模(DS)、产业结构(IS)、经济发展水平($AGDP$)和信息化程度(IN)等影响变量,此时,技术转让市场发展(TS)的影响系数调整为 0.276,在 1% 的水平上显著为正。第一阶段的回归结果(见表 5 - 14)认为工具变量满足相关性假设的要求,工具变量的选取较为合理。

表 5 -13　　　　稳健性检验(技术服务市场)

变量	模型 1	模型 2	模型 3 (工具变量)	模型 4 (工具变量)
被解释变量 滞后一期	0.840 *** (47.11)	0.336 *** (12.01)	—	—
TS	0.037 * (1.94)	0.070 ** (2.53)	0.301 *** (7.17)	0.276 *** (9.19)
HR	-0.035 * (-1.72)	0.014 (0.42)	—	0.318 *** (5.54)

续表

变量	模型1	模型2	模型3（工具变量）	模型4（工具变量）
FDI	0.068*** (3.87)	0.033 (1.23)	—	0.085** (2.52)
DS	0.094*** (5.67)	0.127*** (4.20)	—	0.562*** (18.17)
IS	-0.093*** (-5.41)	-0.238*** (-6.07)	—	0.324*** (13.22)
AGDP	0.006 (0.28)	0.683*** (8.51)	—	0.183*** (8.82)
IN	0.014 (0.59)	-0.075 (-1.51)	—	0.265*** (7.67)
R^2值	0.473	0.236	0.302	0.506
观测值	1 988	1 988	2 272	2 272
估计方法	动态POLS	动态FE	两阶段最小二乘法	两阶段最小二乘法
地级市固定效应	是	是	是	是
年份固定效应	是	是	是	是

注：*、**、***分别表示在10%、5%、1%的水平上显著。
资料来源：笔者整理。

表5-14　工具变量二阶段最小二乘法估计结果（技术服务市场）

变量	模型1	模型2
工具变量	0.215*** (4.08)	0.052*** (5.44)
控制变量	否	是

第五章　技术市场发展促进工业绿色转型的异质性分析

续表

变量	模型1	模型2
地区固定效应	是	是
时间固定效应	是	是
观测值	2 722	2 722
R^2值	0.415	0.358

注：*、**、***分别表示在10%、5%、1%的水平上显著。
资料来源：笔者整理。

混合最小二乘法（POLS）以及固定效应模型（FE）、工具变量法对模型的回归分析可知，技术服务市场发展显著地促进了地区工业绿色转型。相关系数表明，技术服务市场发展指数每提高1%，工业绿色转型效率将随之提升0.276%。实证结果确认了上面研究结论的可靠性。

第四节

本章小结

鉴于技术市场发展对工业绿色转型可能存在不同地区、不同时期和技术市场细分市场的影响差异，本章对技术市场发展可能的异质性影响展开研究。本章的异质性分析，不仅充实了技术市场发展影响工业绿色转型的内容，研究结论为因地制宜地发展技术市场和促进工业绿色转型提供了政策启示。研究的主要结论如下。

第一，在地区差异方面，本章分别考察了东部沿海地区与其他地区、长江经济带地区与其他地区的影响差异。实证结果表明，技术市场发展对工业绿色转型的影响在东部地区更为显著。通过对比长江经济带城市与其他城市发现，技术市场发展的影响在长江经济带城市作用更为显著。分组检验显示，在东部地区，技术市场发展对工业绿色转型的影响系数为0.227，而其他城市中，技术市场发展的影响系数为0.158，显著性减弱。将长江经济带与其他城市区分测算后发现，技术市场发展在长江经济带中对工业绿色转型有正向作用，影响系数为0.168，而在其他城市中显著性减弱。工具变量法结果确认了前面结论的可靠性。

第二，在时期差异方面，随着我国科技体制的改革和完善，如《中华人民共和国促进科技成果转化法》颁布的前后时期进行对比发现，科技成果的法律保护对技术市场发展影响工业绿色转型有促进作用。代表时期差异的虚拟变量在实证结果中的值为0.112，呈正向水平显著。表明了在《中华人民共和国促进科技成果转化法》颁布后，我国技术市场发展对工业绿色转型的作用加强。分组检测和工具变量法的实证结论与以上一致。

第三，从技术市场的细分市场发展的影响异质性来看，我国技术开发市场、转让市场和服务市场的发展对工业绿色转型有显著的推动作用，影响系数分别为0.018，0.032和0.030。而技术咨询市场的发展对工业绿色转型影响作用不显著。工具变量法检验了实证结果的稳健性。

第六章

制度环境对技术市场工业绿色转型效应的影响

根据前面可知,政府行为也许可以更改技术市场发展对工业绿色转型的影响程度。已有的文献也揭示了财政科技支持和环境规制执行是影响工业绿色转型的重要因素(彭星和李斌,2016;宋丽颖和张伟亮,2017;张涛,2017;叶祥松和刘敬,2018)。对此,提出以下两个问题:第一,环境规制和财政科技支持与技术市场发展的协同作用是否可以促进地方工业绿色转型?第二,如果变量的影响确实存在,那么,环境规制和财政科技支持是否需要超过一定的"门槛值"才可以改变技术市场发展对地方工业绿色转型的影响程度?为了回答以上两个问题,在这里,将采用学术界较为认可的"门槛回归"方法进行验证。

第一节 计量模型、变量与数据

一、计量模型

根据前面理论分析中对财政科技支持的文献,学者们对政府环境规制和财政科技支持等制度环境对于地方工业转型的影响观点不一,对此产生这样的疑问:制度环境是否会对技术市场发展产生影响？制度环境是否会影响技术市场发展对地方工业绿色转型的作用效果？为了解决上述疑问，这里参考已有文献的做法（孙早和许薛璐，2017），在解释变量中引入技术市场发展与制度环境的乘积项（$DTM \times GE$），计量模型如下：

$$ITU_{it} = \eta_0 + \eta_1 ITU_{i,t-1} + \eta_2 X_{it} + \eta_3 DTM_{it} \times GE_{it} + \eta_4 DTM_{it} + \lambda_i + \delta_{it}$$
(6.1)

其中，如果乘积项（$DTM \times GE$）的系数为正，就验证了技术市场发展与制度环境的协同作用，即制度环境能够加强技术市场发展对地方工业绿色转型的促进作用，如果系数不显著，则说明财政科技支持不具有调节效应，即制度环境并不影响技术市场发展对工业绿色转型的作用效果。

门槛面板模型可以避免认为划分门槛值区间所带来的偏误（Hansen，1999），能够根据数据本身的特点内生地划分各地区制度环境变量的区间，进而研究制度环境在不同门槛值区间内对地方工业绿色转型的影响。单一门槛回归的基本思想主要是，在模型内的某一地区制度环境存在一个门槛水平的情况下，对于 $g_{it} \leqslant \Phi$ 和 $g_{it} > \Phi$ 这两种情况而言，技术市场发展对地方工业绿色转型的影响存在明显的差异性。将前面式（6.1）为基础的单一门槛模型可以表示如下：

$$ITU_{it} = \theta_0 + \theta_1 DTM_{it} I(g_{it} \leqslant \Phi) + \theta_2 DTM_{it} I(g_{it} > \Phi) + \eta Z_{it} + \varepsilon_{it}$$
(6.2)

其中，g_{it} 为门槛变量，反映了政府环境规制、财政科技支持等制度环境变量；Φ 为各地区变量的门槛值，θ_1 和 θ_2 分别为门槛变量在 $g_{it} \leqslant \Phi$ 和 $g_{it} > \Phi$ 时的解释变量系数，即技术市场发展变量（DTM_{it}）对被解释变量 ITU_{it} 的影响系数。I 为一个指标函数，$\varepsilon_{it} \sim iddN(0, \sigma^2)$ 为随机干扰项；Z_{it} 为控制变量，不包括技术市场发展（DTM_{it}）。Φ 残差的平方和为 $S(\phi) = \hat{e}(\phi)' \hat{e}(\phi)$，如果 ϕ 越接

近门槛值,模型残差平方和就越小,则可以通过最小化 $S(\phi)$ 获得 (ϕ) 的估计值,进而估计出其他的参数值。在参数值得以估计后,需要进行以下两步检验:

第一步,检验 θ_1 和 θ_2 是否存在显著性的差异。如果检验结果表明 θ_1 和 θ_2 相同,则表明该式没有出现明显的门槛特征。该检验的原假设 H_0:$\theta_1 = \theta_2$,对应的备择假设为 H_1:$\theta_1 \neq \theta_2$,检验统计量为,$F = [S_0 - S_{(\phi)}]/\sigma^2$,其中,$\sigma^2 = 1/T \times \hat{e}(\phi)'\hat{e}(\phi) = 1/T \times S(\phi)$,$S_0$ 为原假设下的残差平方和,在原假设的条件下,各地区的政府行为门槛值 ϕ 无法识别,因而 F 统计量的分布是非线性的。在这种情况下,可以采用汉森(Hansen,1999)的自抽样法(boostrap)获得渐近的分布来构造 P 值。

第二步,检验制度环境的变量门槛估计值是否是等于真实值。原假设 H_0:$\theta_1 = \theta_2$,由于存在多余参数的影响,需要使用极大似然的估计量检验来门槛值,以获得似然比检验的统计量为 $LR_1 = [S_1(\phi) - S_1(\hat{\phi})]/\sigma^2$。这个统计量是非标准的,可以使用公式计算其非拒绝域,即当 $LR_1(\phi_0) \leq c(\tau)$ 时,不能拒绝原假设。其中,$c(\tau) = -2\ln(1 - \sqrt{1-\tau})$($\tau$ 为显著水平)。

以上是对制度环境变量存在一个门槛假设的情况,从计量的角度来看,有可能存在多个门槛值,在这里以双重门槛模型为例做简要说明,模型的设定如下所示:

$$ITU_{it} = \theta_0 + \theta_1 DTM_{it}I(g_{it} \leq \phi_1) + \theta_2 DTM_{it}I(\phi_1 < g_{it} \leq \phi_2) + \theta_3 DTM_{it}I(g_{it} > \phi_2) + \eta Z_{it} + \varepsilon_{it} \quad (6.3)$$

其中,假设单一模型中估计出 $\hat{\phi}_1$ 已知,再进行 ϕ_2 的搜索,得到误差平方和最小时的 $\hat{\phi}_2$ 值,$\hat{\phi}_2$ 值是渐近有效的,而 $\hat{\phi}_1$ 不具有此性质。这样再固定 $\hat{\phi}_1$ 和 $\hat{\phi}_2$ 进行重新搜索,得到优化后的一致估计量,以此类推,多重门槛模型在单一和双重门槛模型的基础上进行拓展。

二、数据说明

关于环境规制（ER）的衡量，已有研究大多采用指标构建的方法，将废水排放达标率、氧化硫去除率和烟尘去除率等以作为环境规制水平的测量体系，也有学者用环境污染的节能减排投资额与环保机构工作人员数量度量，但是这些指标掺杂了很多噪声，很难准确刻画地方政府环境规制的执行状况（王勇和李建民，2015）。政府对违法企业的查处力度直接反映了政府对环境规制政策的执行状况，能够更好地衡量环境规制执行的有效程度，具有明显的优势，而且，金刚和沈坤荣（2018）利用实际查处的违法工业企业数与地区工业企业的总量比值作为环境规制执行程度的衡量指标，准确地揭示了环境规制对中国地级市生产率的影响。基于此，本章借鉴金刚和沈坤荣（2018）的做法，采用公众环境研究中心（IPE）地级市层面政府查处违法企业的相关信息衡量政府环境规制的执行程度，将政府查处的违法企业数量占工业企业数量的比重作为衡量指标。关于财政科技支持（FE）的衡量，本章借鉴余泳泽和潘妍（2019）的做法，采用地级市财政科技支出作为衡量指标。政府科技投入的衡量参考余泳泽和潘妍（2019）的做法，采用地级市财政教育科技支出来反映，数据取自《中国城市统计年鉴》。

通过上面的分析，在这里将财政科技支持（FE）和环境规制执行（ER）作为门槛变量。将依次将以上两个变量在不存在门槛值和一个门槛值，以及多个门槛值的设定下测试。测试结果将显示10%的水平下的临界值、F 统计量、自抽样法（bootstrap）的显著水平。通过财政科技支持和环境规制执行在样本研究期间包含的门槛值，可以估计出两种政府行为的门槛估计值和相应的95%置信区间。将政府行为的变量对应门槛估计值代入式（6.2），可以估计出技术市场发展的影响系数。

第二节

技术市场发展、环境规制与工业绿色转型

表6-1的模型3报告了环境规制对技术市场发展的影响。从系统GMM的回归结果看，政府环境规制（ER）的系数为0.068，在5%水平上显著为正。这表明政府的环境规制对技术市场发展有显著的促进作用。从控制变量的结果看，产生正向的影响作用的分别有外商直接投资（FDI）、产业规模（DS）、人均生产总值（FDI）和信息化程度（IS），影响系数分别为0.063、0.095、0.036和0.035。同样起到正向作用的有人力资本水平（HR），而产业结构（IS）却对技术市场发展产生了负向的作用。

表6-1　环境规制对技术市场发展的影响

变量	模型1	模型2	模型3
L.DTM	0.717*** (55.31)	0.421*** (16.19)	0.643*** (22.56)
ER	0.068** (2.41)	0.082*** (5.18)	0.049** (2.33)
HR	0.014 (0.34)	0.052 (0.59)	0.019 (0.62)
FDI	0.063 (1.26)	0.037 (0.99)	0.078** (2.26)
DS	0.095*** (3.23)	0.172 (1.45)	0.087*** (4.46)
IS	-0.077*** (-4.57)	0.210*** (4.72)	-0.123*** (-4.35)

续表

变量	模型1	模型2	模型3
AGDP	0.036*** (3.46)	0.030 (1.23)	0.034*** (2.84)
IN	0.035*** (2.77)	0.037*** (3.97)	0.036*** (3.37)
观测值	1 988	1 988	1 988
R^2 值	—	0.599	0.240
AR(2)-test P 值	0.266	—	—
Hansen-test P 值	0.164	—	—
估计方法	两步系统 GMM	动态 POLS	动态 FE

注：**、*** 分别表示在5%、1%的水平上显著。
资料来源：笔者整理。

表6-2汇报了引入政府环境规制与技术市场发展乘积项（$DTM \times ER$）的估计结果，模型3估计了政府的环境规制在技术市场发展对地方工业绿色转型的影响效果，模型6和模型9分别汇报了政府环境规制影响技术市场发展对工业技术进步和工业技术效率的作用效果，Hansen 检验和 AB 检验均通过了 GMM 估计，且滞后一项的系数介于动态 POLS 模型和动态 FE 模型所对应的系数之间，说明 GMM 估计结果具有可靠且稳健。

根据表6-2中模型3的回归结果，我们可知：技术市场发展与政府环境规制的乘积项（$DTM \times ER$）的系数值为0.317，在1%的水平上显著为正。这表明技术市场发展与政府环境规制的协同作用显著地促进了工业绿色转型。换句话说，政府的环境规制可以有效地促进技术市场发展对于地方工业绿色转型的影响作用。

表6-2的模型6汇报了使用 GMM 估计办法的政府环境规制在技术市场发展对地方工业技术进步中的影响作用。回归结果有两点可以强调：首先，技术市场发展与政府环境规制的乘积项（$DTM \times$

第六章 制度环境对技术市场工业绿色转型效应的影响

表6-2 技术市场发展与环境规制的协同效应

变量	模型1	模型2	模型3	模型4	模型5	模型6	模型7	模型8	模型9
	工业绿色转型(ITU)			技术进步(TC)			技术效率(TC)		
滞后一期	0.759*** (46.50)	0.512*** (16.82)	0.672*** (25.78)	0.523*** (15.81)	0.294*** (4.33)	0.342** (2.20)	0.353*** (6.16)	0.260*** (6.74)	0.332*** (2.85)
DTM	0.126*** (3.43)	0.115*** (5.16)	0.151*** (3.34)	0.144** (2.93)	0.122*** (3.49)	0.145*** (3.44)	0.258*** (3.09)	0.228*** (4.43)	0.203*** (5.23)
ER	0.233*** (2.82)	0.204*** (3.07)	0.146** (2.31)	0.152** (2.92)	0.232*** (3.35)	0.314** (2.34)	0.225** (2.27)	0.276** (2.50)	0.176** (2.27)
HR	0.125 (0.42)	0.121 (1.14)	0.128 (0.57)	0.147 (1.28)	0.153 (1.20)	0.141** (2.42)	0.150** (2.39)	0.122*** (3.16)	0.154** (2.52)
FDI	0.137*** (3.54)	0.102*** (2.64)	0.198*** (4.75)	0.073** (2.81)	0.078** (2.06)	0.125*** (3.24)	−0.182** (−2.43)	−0.191** (−2.11)	−0.184** (−2.47)
DS	0.144*** (4.66)	0.216*** (5.73)	0.125*** (2.88)	0.126*** (4.68)	0.236*** (3.43)	0.233*** (4.01)	0.166 (1.46)	0.235*** (3.68)	0.122 (1.36)
IS	−0.165*** (−4.17)	0.226*** (4.59)	−0.118*** (−4.41)	−0.164*** (−3.92)	0.155** (2.08)	−0.145*** (−3.93)	0.168** (1.40)	0.314*** (3.25)	0.238** (2.46)
AGDP	0.057*** (3.57)	0.123 (1.25)	0.224*** (3.15)	0.145*** (3.47)	0.123 (1.49)	0.124*** (3.45)	0.104** (1.96)	0.167*** (2.97)	0.159* (1.79)

续表

变量	模型1	模型2	模型3	模型4	模型5	模型6	模型7	模型8	模型9
	工业绿色转型（ITU）			技术进步（EC）			技术效率（TC）		
IN	0.230*** (3.04)	0.228** (2.36)	0.225*** (3.15)	0.236*** (3.35)	0.235** (2.06)	0.237** (2.63)	0.377** (2.43)	0.245** (2.50)	0.244** (2.04)
$DTM \times ER$	0.225*** (2.73)	0.211*** (3.03)	0.317*** (2.98)	0.250*** (3.26)	0.294*** (3.61)	0.137*** (3.05)	0.261*** (3.31)	0.266*** (2.88)	0.236*** (3.59)
观测值	1 988	1 988	1 988	1 988	1 988	1 988	1 988	1 988	1 988
R^2 值	0.218	0.189	—	0.401	0.256	—	0.591	0.301	—
AR(2)-test P值	—	—	0.583	—	—	0.396	—	—	0.205
Hansen-test P值	—	—	0.314	—	—	0.289	—	—	0.634
估计方法	动态POLS	动态FE	两步系统GMM	动态POLS	动态FE	两步系统GMM	动态POLS	动态FE	两步系统GMM

注：*、**、*** 分别表示10%、5%、1%的水平上显著。
资料来源：笔者整理。

ER)的系数为正值(值为 0.137),并且该结果通过了 1% 水平下的显著性测试。这也说明政府环境规制对技术市场发展有显著的促进作用。其次,根据控制变量的回归系数看,人力资本积累(HR)、产业结构(IS)、外商直接投资(FDI)、产业规模(DS)、人均生产总值($AGDP$)和信息化程度(IN)都对工业技术进步产生了十分重要的影响,均在 1% 的水平上显著。其中,对工业技术进步产生正向影响的分别为人力资本积累、外商直接投资、产业规模、人均生产总值和信息化程度,影响系数值分别为 0.141、0.125、0.233、0.124 和 0.237。而产业结构(IS)对工业技术进步起到了显著的抑制作用,系数值为 0.164。

表 6-2 中的模型 9 是用于估计政府环境规制与技术市场发展的协同作用对工业技术效率中的影响。从回归结果来看,技术市场发展与财政科技支持的乘积项($DTM \times ER$)的系数测算结果为正值,系数值为 0.236,影响在 1% 的水平上显著。这说明政府环境规制对技术市场发展影响地方工业技术效率产生了显著的正向推动作用,即政府环境规制与技术市场发展的协同作用显著地促进了地区工业技术效率提升。控制变量测算的回归系数显示,人力资本水平(影响系数值为 0.154)、产业规模(影响系数值为 0.122)、产业结构(影响系数值为 0.238)、人均生产总值(影响系数值为 0.159)和信息化程度(影响系数值为 0.244)对工业技术效率产生正向作用。

第三节

技术市场发展、财政科技支持与工业绿色转型

表 6-3 的模型 1~模型 3 报告了财政科技支持对技术市场发展的影响。从系统 GMM 估计办法的回归结果看,财政科技支持(FE)的系数为 0.034,且在 1% 的水平上显著为正,这表明政府对企业提供一定的财政科技支持,可以有效地促进当地技术市场的

发展。同时,从控制变量的结果看,人力资本水平（HR）的影响系数为 -0.034,在1%的水平上显著。这表明人力资本集聚将对地方工业绿色转型产生一定的"挤出效应"。对此可能的解释是,由于人力资本集聚代表着企业需要支付较高的人力成本,在一定程度上挤占了企业创新研发的投入,对工业行业的转型升级有一定的抑制作用。产业结构的影响系数为 -0.019,在5%的水平上显著,这表明产业规模的增加对技术市场发展造成不利的影响。外商直接投资、产业结构、人均生产总值和信息化程度都显著地促进了地区技术市场发展。

表6-3　　　　财政科技支持对技术市场发展的影响

变量	模型1	模型2	模型3
	技术市场发展（DTM）		
L.DTM	0.833 *** (27.17)	0.955 *** (13.70)	0.477 *** (18.93)
FE	0.034 *** (2.93)	0.014 (1.42)	0.098 *** (4.52)
HR	-0.034 *** (-3.42)	-0.011 (-1.27)	-0.028 * (-1.85)
FDI	0.018 ** (2.34)	0.024 *** (3.02)	-0.002 (-0.20)
DS	-0.019 ** (-2.55)	-0.007 (-1.04)	-0.009 (-0.69)
IS	0.011 (1.26)	0.007 (0.91)	-0.024 (-1.35)
AGDP	0.031 ** (2.31)	-0.011 (-1.09)	0.289 *** (8.87)
IN	0.047 *** (3.46)	0.008 (0.72)	0.088 *** (3.86)

第六章　制度环境对技术市场工业绿色转型效应的影响

续表

变量	模型1	模型2	模型3
	技术市场发展（DTM）		
观测值	1 988	1 988	1 988
R^2值	—	0.489	0.672
AR(2)-test P值	0.234	—	—
Hansen-test P值	0.248	—	—
估计方法	两步系统GMM	动态POLS	动态FE

注：*、**、***分别表示在10%、5%、1%的水平上显著。
资料来源：笔者整理。

表6-4汇报了引入政府科技投入与技术市场发展乘积项（$DTM \times FE$）的估计结果，模型3估计了财政科技支持在技术市场发展对地方工业绿色转型的影响效果，模型6和模型9分别汇报了财政科技支持影响技术市场发展对工业技术进步和工业技术效率的作用效果，Hansen检验和AB检验均通过了GMM估计，且滞后一项的系数介于动态POLS模型和动态FE模型所对应的系数之间，说明GMM估计结果具有可靠且稳健。

根据表6-4中模型3的回归结果，我们可知：技术市场发展与财政科技支持的乘积项（$DTM \times FE$）的系数值为0.114，且在1%的水平上显著为正，这表明技术市场发展与财政科技支持的联合作用对地方工业绿色转型产生了显著的促进作用，财政科技支持可以有效地促进技术市场发展对于地方工业绿色转型的影响作用。另外，在财政科技支持的作用下，产业结构和信息化程度对地方工业绿色转型都产生了负向的作用，负向系数分别为-0.246、-0.051。

表6-4中的模型6汇报了财政科技支持在技术市场发展影响地方工业技术进步中的影响作用。回归结果有两点可以强调：首先，技术市场发展与财政科技支持的乘积项（$DTM \times FE$）的系数为正值，系数值为0.173，但结果显著为正，这也说明财政科技支持在技术市场发展影响地方工业技术进步中产生了一定程度的正向

表 6-4　技术市场发展与财政科技支持的协同效应

被解释变量		模型 1	模型 2	模型 3	模型 4	模型 5	模型 6	模型 7	模型 8	模型 9
		工业绿色转型 (ITU)			技术进步 (EC)			技术效率 (TC)		
滞后一期		0.841*** (25.46)	0.822*** (45.72)	0.830*** (12.66)	0.071*** (3.13)	0.447*** (17.83)	0.350* (1.80)	0.195*** (21.23)	0.113*** (4.20)	0.129*** (12.94)
DTM		0.054*** (2.89)	0.032* (1.77)	0.011 (0.20)	0.122** (2.68)	0.046* (1.66)	0.055 (0.69)	0.155*** (3.64)	0.117*** (3.75)	0.084 (1.00)
FE		-0.074*** (-3.48)	-0.02 (-1.04)	-0.255*** (-5.25)	-0.083** (-2.22)	-0.033 (-0.93)	-0.296*** (-4.16)	0.293*** (6.74)	0.159*** (3.88)	0.249*** (3.28)
HR		-0.026 (-1.30)	-0.018 (-0.92)	0.006 (0.19)	-0.217*** (-4.94)	-0.127*** (-4.10)	-0.269*** (-5.58)	0.112* (1.95)	0.052 (1.47)	0.389*** (7.62)
FDI		0.060*** (3.41)	0.071*** (3.98)	0.029 (1.09)	0.114*** (3.56)	0.112*** (3.99)	0.058 (1.47)	-0.052* (-1.76)	-0.057* (-1.81)	-0.063 (-1.51)
DS		0.069*** (4.34)	0.095*** (5.61)	0.111*** (3.76)	0.205*** (7.41)	0.197*** (7.59)	0.211*** (4.92)	0.082*** (2.64)	0.044 (1.49)	-0.070 (-1.54)
IS		-0.107*** (-4.99)	-0.102*** (-5.70)	-0.246*** (-6.34)	-0.169*** (-4.53)	-0.126*** (-4.53)	-0.247*** (-4.38)	-0.072** (-1.99)	-0.065** (-2.09)	-0.071 (-1.19)
AGDP		-0.068*** (-2.87)	-0.022 (-0.95)	0.649*** (8.57)	-0.165*** (-3.80)	-0.104*** (-2.88)	0.250** (2.41)	0.537*** (10.17)	0.367*** (8.72)	1.413*** (12.83)

第六章　制度环境对技术市场工业绿色转型效应的影响

续表

被解释变量	模型1	模型2	模型3	模型4	模型5	模型6	模型7	模型8	模型9
	工业绿色转型（ITU）			技术进步（EC）			技术效率（TC）		
IN	0.022 (0.97)	-0.011 (-0.45)	-0.051 (-1.01)	0.136*** (3.01)	0.085** (2.26)	-0.139* (-1.88)	-0.146*** (-2.76)	-0.104** (-2.42)	0.162** (2.08)
$DTM \times FE$	0.073*** (3.77)	0.038** (2.19)	0.114*** (3.46)	0.028 (0.61)	0.017 (0.63)	0.173*** (3.62)	0.005 (0.12)	0.016 (0.51)	0.209*** (4.09)
观测值	1 988	1 988	1 988	1 988	1 988	1 988	1 988	1 988	1 988
R^2值	0.630	0.166	—	0.630	0.166	—	0.263	0.341	—
AR(2)-est P值	—	—	0.256	—	—	0.245	—	—	0.521
Hansen-test P值	—	—	0.237	—	—	0.232	—	—	0.426
估计方法	动态POLS	动态FE	两步系统GMM	动态POLS	动态FE	两步系统GMM	动态POLS	动态FE	两步系统GMM

注：*、**、***分别表示在10%、5%、1%的水平上显著。
资料来源：笔者整理。

推动作用。其次，根据控制变量的回归系数看，人力资本水平（HR）、产业规模（DS）、外商直接投资（FDI）、产业结构（IS）、经济发展水平（$AGDP$）和信息化程度（IN）都对工业技术进步产生了十分重要的影响，均在1%的水平上显著。其中，对工业技术进步产生正向影响的分别为外商直接投资（影响系数值为0.058）、产业规模（影响系数值为0.211）和人均生产总值（影响系数值为0.250）。

表6-4中的模型9是用于估计财政科技支持对于技术市场发展影响地方工业技术效率中的作用。从回归结果来看，技术市场发展与财政科技支持的乘积项（$DTM \times FE$）的系数测算结果为正值，系数值为0.209，结果同样显著，但与模型4中对于工业技术进步的影响系数相比，系数值由0.173提高至0.209，这说明两点，一是财政科技支持在技术市场发展影响地方工业绿色转型中产生了一定程度的正向推动作用，但影响作用并不明显。二是财政科技支持会对工业技术进步和技术效率产生促进影响，从而对技术市场发展影响工业绿色转型产生重要作用，但主要的推动作用是通过促进工业技术效率来实现。从控制变量的回归系数来看，人力资本水平（影响系数值为0.389）、信息化程度（影响系数值0.162）和人均生产总值（影响系数值为1.413）对工业技术效率产生正向作用，正向效果分别在1%、1%和5%的水平上显著。

第四节

制度环境的门槛效应检验

一、环境规制的门槛检验

在这里，将环境规制（ER）设定不存在门槛值、一个门槛值和多个门槛值依次进行估计，结果发现环境规制执行对总体技术市场发展及细分技术市场发展均在1%和5%的显著水平下存在单一

第六章　制度环境对技术市场工业绿色转型效应的影响

的门槛效应。由于双重门槛和三重门槛的测试结果显示未通过，因而本章仅报告了单一门槛的检验结果（见表6-5）。表6-6中模型1和模型5为固定效应的估计结果。

表6-5　环境规制执行的门槛检验结果（一）

门槛变量	门槛类型	门槛值	P值	F值	不同显著水平下临界值		
					10%	5%	1%
ER_JSSC	单一门槛	0.020	0.003***	35.84	20.273	23.433	34.623
ER_JSKF	单一门槛	0.018	0.013**	24.90	15.419	19.002	25.147
ER_JSZR	单一门槛	0.018	0.010***	21.21	12.039	14.931	19.863
ER_JSZX	单一门槛	0.020	0.000***	33.74	14.701	16.825	21.699
ER_JSFW	单一门槛	0.018	0.017**	31.83	23.617	27.593	36.060

注：**、***分别表示在5%、1%的水平上显著。
资料来源：笔者整理。

表6-6　环境规制执行的门槛检验结果（二）

变量	模型1 技术市场（DTM）	模型2 技术开发市场（TE）	模型3 技术转让市场（TT）	模型4 技术咨询市场（TC）	模型5 技术服务市场（TS）
FE_0	0.086** (2.35)	0.151** (2.55)	0.124*** (2.92)	0.270*** (5.52)	0.071 (1.34)
FE_1	-0.102** (-1.97)	-0.013 (-0.24)	-0.034 (-1.00)	0.089*** (3.45)	-0.102*** (-3.12)
HR	-0.027 (-0.86)	-0.028 (-0.89)	-0.027 (-0.85)	-0.022 (-0.73)	-0.026 (-0.81)
FDI	0.029 (0.86)	0.032 (0.95)	0.034 (1.03)	0.027 (0.79)	0.031 (0.90)
DS	0.153*** (3.15)	0.146*** (3.01)	0.138*** (2.86)	0.111** (2.41)	0.158*** (3.24)

续表

变量	模型1 技术市场 (DTM)	模型2 技术开发市场 (TE)	模型3 技术转让市场 (TT)	模型4 技术咨询市场 (TC)	模型5 技术服务市场 (TS)
IS	-0.205*** (-2.95)	-0.204*** (-2.89)	-0.198*** (-2.80)	-0.198*** (-2.77)	-0.208*** (-3.00)
AGDP	0.985*** (8.73)	0.906*** (8.57)	0.939*** (10.25)	0.834*** (9.24)	1.006*** (9.77)
IN	-0.029 (-0.45)	-0.047 (-0.71)	-0.042 (-0.62)	-0.072 (-1.09)	-0.023 (-0.35)
R^2值	0.363	0.256	0.358	0.369	0.364
估计方法	固定效应	固定效应	固定效应	固定效应	固定效应
观测值	2272	2272	2272	2272	2272

注：**、***分别表示在5%、1%的水平上显著。
资料来源：笔者整理。

（一）总体技术市场发展的影响

表6-5中模型1结果显示，在环境规制执行门槛值的不同区间，技术市场发展对地方工业绿色转型的影响存在明显的差异。当环境规制执行小于0.020时，技术市场发展的影响系数为0.086，表明技术市场发展每增加了1个单位，会使得地区工业绿色转型速率提高0.086个单位。而随着环境规制执行跨过这个门槛值，技术市场发展的影响系数变为负数（-0.102），且在5%的水平上显著。这说明了在跨过环境规制执行门槛值的城市，技术市场发展对地方工业绿色转型起到了显著的抑制作用。抑制作用主要来自两方面：一是随着环境规制强度的增强，环境保护产生了大量的经济成本（Jaffe，1995），而企业需要支付由超额排污违规而遭受的处罚，并配置人力资本以维护环保设备的运作。这部分的投入成本将直接

将改变企业原有的生产函数,而企业通过生产投资预算,又将重新配置资本与劳动的要素投入和压缩人力成本来维持利润水平,并不利于生产效率的发展。二是随着企业生产成本的不断增加,在一定程度上挤占了研发创新的投入,不利于企业自主研发以达到转型升级。(图6-1为环境规制执行在技术市场发展中的门槛检验图)。

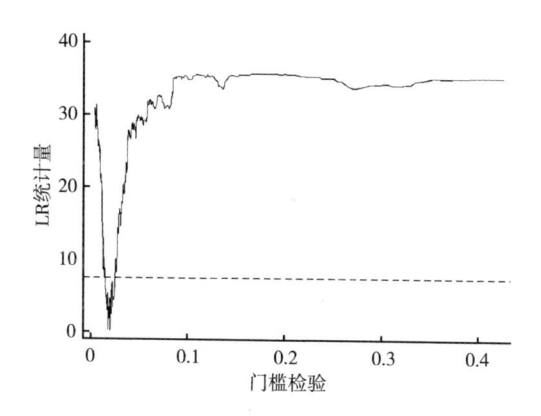

图6-1 技术市场发展的影响

资料来源:笔者整理。

(二)细分技术市场发展的影响

表6-6中模型2~模型4汇报了环境规制执行分别在技术开发市场发展($JSKF$)、技术转让市场发展($JSZR$)、技术咨询市场发展($JSZX$)和技术服务市场发展($JSFW$)的门槛检验。在这里有两点值得强调:一是环境规制执行在技术开发市场发展($JSKF$)、技术转让市场发展($JSZR$)和技术服务市场发展($JSFW$)存在相同门槛值,并且跨过门槛值后原有的影响趋势变为反向。在环境规制执行低于门槛值0.018,技术开发市场发展、技术转让市场发展均在1%水平上促进地方工业绿色转型,影响系数值分别为0.151、0.124,技术服务市场发展的影响系数为0.071;而跨过门槛值后,

在技术开发市场发展（JSKF）、技术转让市场发展（JSZR）和技术服务市场发展（JSFW）均对地方工业绿色转型产生负向效应，其中，技术服务市场发展对地方工业绿色转型的负向作用在1%的水平上显著，影响系数为－0.102，即技术服务市场发展每增加了1个单位，会使得地区工业绿色转型速率下降0.102个单位。二是环境规制执行在技术咨询市场发展存在门槛值（0.020），但无论是否跨过门槛值，技术咨询市场发展均对地方工业绿色转型产生1%水平上的显著关系。随着环境规制执行跨过门槛值0.020，技术咨询市场发展对工业绿色转型的影响系数有所下降，但影响效果仍然同向，均为显著正向推动作用，系数值由0.270降为0.089（图6-2为环境规制执行在技术市场细分市场中的门槛检验图）。

（a）技术开发市场的门槛值

（b）技术转让市场的门槛值

（c）技术咨询市场的门槛值

（d）技术服务市场的门槛值

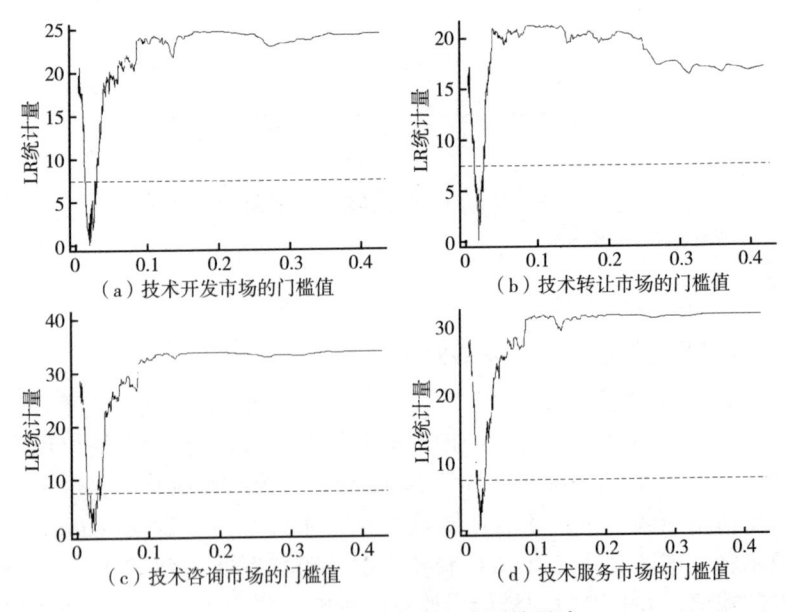

图6-2　细分技术市场发展的影响

资料来源：笔者整理。

二、财政科技支持的门槛检验

表 6-7 报告了财政科技支持的门槛估计结果。从表中可知,财政科技支持在对技术市场发展影响工业绿色转型的作用中显示了 10% 的水平上的三重门槛效应。财政科技支持的门槛值分别为 4.312、6.792 和 6.860。在细分市场的门槛检验中,可知,财政科技支持对技术开发市场和技术服务市场均存在三重门槛效应,门槛值为 4.312、6.792、7.069 和 4.375、6.792、6.860;对技术咨询市场存在单一门槛效应,门槛值为 4.375;而对技术转让市场不存在门槛效应。

表 6-7 财政科技支持的门槛值估计结果

门槛变量	门槛类型	门槛值	P 值	F 值	不同显著水平下临界值		
					10%	5%	1%
FE_JSSC	单一门槛	4.312	0.040**	46.23	24.814	40.056	94.500
	双重门槛	6.792	0.067*	28.44	21.960	33.276	62.050
	三重门槛	6.860	0.040**	35.76	22.452	31.597	67.334
FE_JSKF	单一门槛	4.312	0.047**	38.83	20.899	34.015	73.489
	双重门槛	6.792	0.060*	29.30	22.015	31.109	164.336
	三重门槛	7.069	0.067*	30.40	25.138	32.785	56.574
FE_JSZR	单一门槛	4.541	0.260	15.12	29.836	46.707	208.618
	双重门槛	4.675	0.410	9.58	38.143	60.853	142.663
	双重门槛	8.075	0.473	11.70	32.062	49.785	91.838
FE_JSZX	单一门槛	4.375	0.023**	43.50	27.808	37.145	67.213
	双重门槛	6.792	0.393	12.26	29.918	35.428	86.168
	三重门槛	6.860	0.073*	32.81	28.624	50.465	99.098

续表

门槛变量	门槛类型	门槛值	P值	F值	不同显著水平下临界值		
					10%	5%	1%
FE_JSFW	单一门槛	4.375	0.033**	42.43	19.280	33.909	72.025
	双重门槛	6.792	0.027**	36.29	19.991	28.974	43.830
	三重门槛	6.860	0.080*	30.70	26.063	36.994	85.046

注：*、**、*** 分别表示在10%、5%、1%的水平上显著。
资料来源：笔者整理。

（一）总体技术市场发展的影响

从模型1可知，财政科技支持（FE）的单一门槛、双重门槛和三重门槛都通过了10%的显著性检验，这说明财政科技支持对技术市场发展存在了3个门槛值，即4个区间趋势。这里有三点强调：第一，技术市场发展影响地方工业绿色转型的作用存在"拐点"现象，财政科技支持需要跨过首个门槛值，技术市场发展对地方工业绿色转型才产生正向推动作用，反之则不利于地方工业绿色转型。从估计结果来看，当财政科技支持小于门槛值4.312时，技术市场发展对地方工业绿色转型的作用为负向（值为－0.001），尽管影响作用较小，但相对于后期的显著正向而言，这里存在着影响趋势的反向情况，表明技术市场发展影响地方工业绿色转型的作用存在"拐点"现象，财政科技支持需要跨过首个门槛值才可以保证技术市场发展对地方工业绿色转型的促进作用。第二，财政科技支持跨过首个门槛值后，技术市场发展对地方工业绿色转型产生正向影响，但影响效果存在差异。由表可知，当财政科技支持高于4.312后的二、三、四区间内，技术市场发展的影响系数均显示为正数，但影响系数不同，分别为0.002、0.021和0.004。这表示当政府科技投入跨过首个门槛值后，技术市场发展促进了地方工业绿色转型，但作用效果存在差异性。第三，财政科技支持存在一个最

第六章 制度环境对技术市场工业绿色转型效应的影响

优区间。财政科技支持在区间 4.312 和 6.860 时,技术市场发展对工业绿色转型的作用在 1% 的水平上显著为正,而其中存在一个门槛值 (6.792),使得技术市场发展对工业绿色转型的影响效果显著增大(影响系数值由 0.002 提升为 0.021),可见财政科技支持在对技术市场发展影响工业绿色转型中的最优区间为 6.792 ~ 6.860(见图 6-3)。

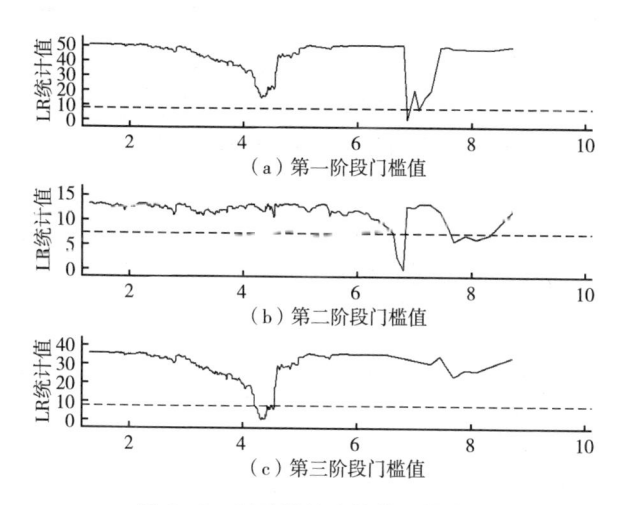

图 6-3 财政科技支持的门槛检验

资料来源:笔者整理。

(二)细分技术市场发展的影响

从门槛值的估计结果(见表 6-8)可以看出,财政科技支持对技术开发市场发展和技术服务市场发展的单一门槛效果至三重门槛效果均通过了 10% 的水平上的显著性检验。而财政科技支持对技术咨询市场发展只通过了单一门槛,在 10% 的水平上显著。财政科技支持对技术转让市场发展未存在门槛效应。

从数据中,我们有意思地发现三点。第一,财政科技支持在技术开发市场发展、技术咨询市场发展和技术服务市场发展对工业绿色转型均存在了与总体技术市场发展相似的"拐点"。即技术开发市场发展、技术咨询市场发展和技术服务市场发展对工业绿色转型的有影响效果在财政科技支持低于首个门槛值时，均为负向，而后改变影响趋势，正向促进地方工业绿色转型，总体呈"J"型效果。第二，技术开发市场发展与总体技术市场发展存在一定的契合区间，即两个门槛值相同（门槛值分别为4.312和6.792），且影响方向一致。当财政科技支持低于首个门槛值4.12时，技术开发市场发展并不利于地方工业绿色转型。第三，技术咨询市场发展和技术服务市场发展存在契合空间，门槛值相同且各区间的影响方向大多一致，其中，技术咨询市场发展在任何区间均保持对地方工业绿色转型的正向作用。

表6-8　　　　　财政科技支持的门槛检验结果

解释变量	模型1 技术市场 (DTM)	模型2 技术开发 (TE)	模型3 技术转让 (TT)	模型4 技术咨询 (TC)	模型5 技术服务 (TS)
FE_0	-0.001 (-0.77)	-0.010 (-0.12)	-0.002** (-2.51)	0.003 (0.85)	-0.001 (-1.35)
FE_1	0.002*** (3.09)	0.005*** (3.20)	0.011 (1.58)	0.059*** (3.99)	0.003*** (3.53)
FE_2	0.021*** (5.36)	0.037*** (5.43)	0.001 (0.31)	0.473** (2.11)	0.042*** (8.38)
FE_3	0.004 (1.56)	0.007 (1.34)	0.073** (2.03)	0.108* (1.65)	0.006 (1.55)
HR	0.018 (0.58)	0.019 (0.58)	0.031 (1.00)	0.015 (0.47)	0.023 (0.73)
FDI	0.089*** (2.89)	0.091*** (2.90)	0.081*** (3.20)	0.079*** (2.60)	0.089*** (2.90)

续表

解释变量	模型1 技术市场 (DTM)	模型2 技术开发 (TE)	模型3 技术转让 (TT)	模型4 技术咨询 (TC)	模型5 技术服务 (TS)
DS	0.129 *** (2.91)	0.140 *** (2.89)	0.148 *** (3.94)	0.129 *** (2.87)	0.129 *** (2.97)
IS	-0.052 * (-1.65)	-0.056 * (-1.66)	-0.029 (-0.75)	-0.049 (-1.38)	-0.051 (-1.58)
AGDP	0.566 *** (6.50)	0.543 *** (7.37)	0.599 *** (8.59)	0.521 *** (7.05)	0.575 *** (7.37)
IN	0.012 (1.36)	0.011 (1.12)	0.007 (0.82)	0.006 (0.67)	0.008 (1.01)
R^2值	0.161	0.156	0.133	0.232	0.237
估计方法	固定效应	固定效应	固定效应	固定效应	固定效应
观测值	2 272	2 272	2 272	2 272	2 272

注：*、**、*** 分别表示在10%、5%、1%的水平上显著。
资料来源：笔者整理。

具体来看可从以下三点来看。第一，在技术开发市场发展方面，财政科技支持对技术开发市场的工业绿色转型影响存在三重门槛效应。财政科技支持低于门槛值4.312时，技术开发市场不利于地方工业绿色转型；财政科技支持高于4.312并低于6.792，技术开发市场发展的影响系数为0.002，在1%的水平上显著；在6.792~7.069，技术开发市场发展的影响系数提升至0.037，在1%的水平上显著；当财政科技支持高于7.069，技术开发市场发展的影响系数降低至0.007，效果不再显著。第二，在技术转让市场发展方面，财政科技支持不存在门槛效应，即财政科技支持无法显著影响技术转让市场发展对工业绿色转型的作用。第三，从技术咨询市场发展和技术服务市场发展来看，二者具有相同的门槛值，但依然存在差异。技术咨询市场发展在任何区间均促进地方工业绿色转型，而技术服务市场发展需要财政科技支持高于首个门槛值 4.375，对地方工业绿色转型产生正向作用。在 4.375~6.860，技术咨询市场发展与技术服务市场发展均对地方工业绿色转型产生 1% 水平上显著的提升作用；而在财政科技支持高于门槛值 6.860，技术咨询市场发展仍然对地方工业绿色转型产生显著的推动作用，推动作用在 10% 的水平上显著，影响系数为 0.108。

第五节 本章小结

本章拓展分析了技术市场"看不见的手"与政府"看得见的手"相互协同的影响效果。分别考察了技术市场发展与政府环境规制、技术市场发展与财政科技支持联合作用对工业绿色转型的影响。实证结论显示，我国政府环境规制、财政科技支持与技术市场发展的协同作用均有利于促进工业绿色转型，但联合作用存在门槛效应，即政府环境规制与财政科技支持在不同水平区间内，与技术市场发展的协同作用不尽相同。研究结论具体如下：

第一，政府环境规制对技术市场发展有显著的促进作用，影响系数为 0.049，表明环境规制强度每增强 1 单位，将有利于技术市场发展程度提高 0.049 单位。技术市场发展与环境规制的交互项与工业绿色转型有正向相关，协同效应系数为 0.317（系统 GMM 估计结果）。环境规制与技术市场发展的协同效应对技术进步和技术效率提升有显著的正向影响，影响系数分别为 0.137 和 0.236（系统 GMM 估计结果）。

第二，财政科技支持是技术市场发展的重要影响因素。实证结果显示，财政科技支持对技术市场发展的影响系数为 0.034，影响显著为正。表明财政科技支持每提高 1 单位，将促进技术市场发展程度提高 0.034 单位。技术市场发展与财政科技支持的协同效应对工业绿色转型的影响为正向，影响系数为 0.114（系统 GMM 估计结果)。财政科技支持与技术市场发展联合作用对技术效率提升和技术进步都有积极效应。其中,财政科技支持对技术进步的影响系数为 0.173,对技术效率的影响系数为 0.209。

第三,环境规制与财政科技支持在技术市场发展影响工业绿色转型中起到门槛效应作用。当环境规制执行强度小于 0.020 时,技术市场发展的影响系数为 0.086,表明技术市场发展每增加了 1 个单位,会使得地区工业绿色转型速率提高 0.086 个单位,当环境规制强度跨过 0.086 这个门槛值,将对技术市场发展影响工业绿色转型的作用不利。而财政科技支持存在一个最优区间,当财政科技支持在区间(6.792~6.860)时,技术市场发展对工业绿色转型的影响作用的显著性最强。

第四,细分市场的门槛检验来看,环境规制对四个技术市场细分市场的影响均存在门槛值,门槛值分别为 0.018,0.018,0.020 和 0.018。而财政科技支持除了在技术转让市场中未出现门槛效应外,对其他三个细分市场对工业转型的影响均存在门槛效应,其中,在技术开发市场发展方面,财政科技支持存在三重门槛效应,不仅在单门槛显示 5% 的水平上显著,而且在双重门槛和三重门槛也显示 10% 水平上显著。财政科技支持对技术咨询市场发展在任何区间均促进地方工业绿色转型。技术服务市场发展需要财政科技支持高于首个门槛值 4.375,对地方工业绿色转型产生正向作用。

第七章

研究结论与研究展望

第一节
研究结论与政策建议

一、研究结论

本书通过对技术市场发展与工业绿色转型影响的研究,深入探讨了技术市场发展对工业绿色转型影响的内在机理,并且从理论和实证两个层面探讨了影响的作用效果和机制,分析了技术市场发展促进工业绿色转型的实现条件。本书采用2009~2016年我国地级市的面板数据,运用实证方法对技术市场发展与工业绿色转型的影响作用和影响机制进行了检验,深入探讨了在不同时期、不同区域和细分技术市场可能的异质性影响,进一步扩展分析了环境规制、财政科技支持与技术市场发展的协同影响,最后提出有针对性的政策建议,并达到预期的研究目标。总结全文,本书得出以下五点结论。

第一,技术作为一种特殊商品,在商品的生产、交易、流通和消费中有其特定的运行规律。供求机制、价格机制、竞争机制和风险机制是技术的特定机制,四项机制保障了技术资源充分利用,资源配置效率不断提升。正确认识技术市场运行机制是对技术市场发

第七章　研究结论与研究展望

展的重要前提。从理论上来讲，技术市场发展由于其特定的运行机制，可以发挥其在资源配置、价格发现、信息揭示、风险管理和降低成本五方面的功能，从而通过促进技术进步和提升技术效率来对工业绿色转型产生推动作用。

第二，全国的技术市场与工业绿色转型进程的发展态势良好。技术市场交易规模持续扩大，交易数量和质量骤增，以涉及知识产权类技术与国家战略性新兴产业领域类技术在我国技术交易市场中占主导。在技术市场细分市场中，技术服务市场的市场份额最高，企业的双向主体的主导地位稳固。东部地区是技术交易流入和输出的主要地区，北京、江苏、广东和上海的技术市场成熟度高于东部地区平均水平。但存在技术开发市场衰退、合作开发意愿薄弱和专利技术增速减缓等突出问题。从工业绿色转型进程来看，我国工业增加值、能源消费和污染物排放都呈现上升趋势，但增速均在减缓。东部沿海地区是工业经济发展的主战场，占据着全国工业经济的巨大比重，并且也消耗最多的能源，释放最强的污染。与国际上代表性的发达国家和发展中国家，美国、日本、南非和印度相比，我国的工业增加值增速缓慢、能源消耗和污染物排放远高于所列国家，表明我国工业绿色转型之路任重而道远。

第三，技术市场发展对工业绿色转型的影响假说获得了实证支持。本书通过多种计量模型对技术市场发展与工业绿色转型的影响展开定量研究，检验的结果均表明了技术市场发展对工业绿色转型存在着显著的正向影响关系。即技术市场发展有效地推动了工业绿色转型，技术市场发展水平越高，地区的工业绿色转型进程越快，也与预期相符。此外，实证结果也验证了技术进步和技术效率是技术市场发展对工业绿色转型的传导机制。

第四，进一步的研究表明，技术市场发展对工业绿色转型的影响存在地区、时期和细分市场的差异。具体来讲，地区差异表现在：在东部沿海地区和长江经济带地区，技术市场发展对工业绿色转型的影响作用提高。时期差异表现在：科技体制改革后，技术市场发展对工业绿色转型的影响作用增强。细分技术市场差异表现在：技术开发市场发展对工业绿色转型的影响作用最大，其余顺次为技术转让、技术服务和技术咨询市场。并且，技术转让、技术服务与技术咨询市场对工业绿色转型的影响作用低于整体技术市场发展的影响。

第五，政府在技术市场发展影响工业绿色转型进程中发挥着重要作用。研究认为，政府实行环境规制和财政科技支持，均有利于技术市场发展促进工业绿色转型。在政府与市场的相互协同下，技术市场发展对工业绿色转型的影响作用增强。此外，环境规制与财政科技支持在对技术市场发展的影响上存在一定的门槛效应，其中，一定程度的环境规制对技术市场影响工业绿色转型有利，即当环境规制执行小于 0.020 时，技术市场发展对地方工业绿色转型起到了显著的抑制作用。而财政科技支持存在一个最优区间，当财政科技支持在区间（4.312 6.860）时，技术市场发展对工业绿色转型的影响作用增强。

二、政策建议

（一）明确技术市场发展在工业绿色转型中的重要地位，大力发展技术市场

技术市场发展是国家创新体系的重要构成部分，是科技体制改革的重要体现。我国技术市场发展已取得了一定的成绩，但市场化程度仍不足以完全发挥其在技术资源配置中的决定性作用。专利类技术产品的增速缓慢以及合作开发的占比较少，这反映了我国技术市场在人才培养、体制建设及法规保护等方面仍有较大空间。对此，可以通过以下几方面切实推进技术市场高效高质量发展。

第一，加强技术交易人才的培养，推动校企的产学研一体化。一是优化技术人才队伍结构。加大对紧缺人才的引进与培养，特别是在知识产权运营和专利信息分析领域的杰出人才，为技术市场发

展保驾护航。二是建立人才培养基地，培育专业化、复合型的技术转移人才，落实国家各项科研激励政策，完善收入分配制度，营造良好的创新环境。通过在岗人员的继续教育，制定技术市场培训课程和加强职务考核和资质审查，切实提高技术市场从业人员的业务素质和技术水平。三是建立以市场需求为导向的高校科研成果的转化机制，通过开设高校众创空间，切实提高师生的科研主动性，培养一批懂技术、懂法律、懂经营的应用型人才。加强引导高校院所强化产学研合作，为市场提供更多的技术成果，促进技术交易双方的合作与交流，共同研究开发、推广成果和制定标准等，消除技术交易的信息不对称，降低逆向选择。

第二，建立健全技术市场信息平台管理体系，进一步活跃市场交易。一是通过授权技术市场管理部门的"政府管辖权"，对技术交易中滥用市场规则和阻碍技术交易的违规行为进行介入管理。建立涵盖科技成果转化的确权、知识资产管理、财务管理、违章处罚等全系列的技术市场管理办法，增强技术市场管理能力。二是发挥全国技术交易市场示范机构的"领头羊"作用，充分激发技术交易潜力。通过示范效应带动各地区的技术交易中介机构向规范化和规模化发展，打造技术市场全生态圈，提高技术市场竞争力。三是推进技术市场信息平台管理体系。通过省市级多层管理，以层级领导、层级负责、层级支持的原则，对技术市场信息平台进行服务和运营管理。建立企业信用评价体系，对不良信息进行登记备案，对发布虚假信息的欺诈行为进行严厉制止并信息公开，采取相应的惩罚措施，保证信息资源的可信度。不断完善技术市场的统计指标体系，统一技术合同的统计口径，定期进行数据的审查和筛选，确保统计数据的真实性、准确性和及时性。

第三，完善技术市场法律体系，加强知识产权保护。在立法方面，通过制定技术市场法律法规，对我国技术市场的基本形态、立法目的、原则规范、责任承担的范围和方式、行政管理的程序与责任等作出有法律效力的规定。系统科学地规范化管理技术市场。在执法方面，形成完善的法律约束机制，形成有效的执法网络。国家和省级技术市场管理部门对行政执法的人员进行科技、经济和法律法规的知识培训，最大限度地发挥法律的效能。此外，需要强化知识产权的法律意识，特别是对《中华人民共和国促进科技成果转化法》的落实和执行，完善法律法规的配套措施。不仅为技术转让和成果转化提供法律援助，也为技术市场健康发展营造有利环境。

（二）充分发挥政府宏观政策的协同作用，优化地区的制度环境

技术市场发展与政府宏观政策的积极配合是工业绿色转型的最佳路径。技术市场发展在推进工业绿色转型的过程中，需要政府的政策支持相互配合，才可以让政府"看得见的手"与市场"看不见的手"形成合力，充分发挥各自优势，弥补各自不足，从而推动技术市场的持续健康发展。事实证明，技术市场发展与环境规制和财政科技支持这两项宏观政策的协同作用对工业绿色转型有较好的积极作用。并且，不同政策的执行强度将对作用结果产生差异性。对此，本书提出如下建议，以更有效地通过政策协同推进地区工业绿色转型。

第一，环境规制政策的制定和落实既需要"合理有度"，也需要"因地制宜"。过高的环境规制执行强度可能造成工业企业严重的经济负担，从而挤出因环境规制带来的"创新弥补"效应，将不利于工业绿色转型的经济增长目标。此外，不同地区具备不同的资源禀赋，肩负着不同的经济使命。因此，环境规制的政策制定和执行需要避免采取"一刀切"的做法。具体来说，可以根据不同地区的经济发展水平，环境污染水平和不同行业的实际特点，灵活运用排污费、使用者收费、排污权交易等措施，鼓励企业生产技术创新。此外，采取差异化的环境规制执法强度，对从事环保生产活动的企业进行税收减免，激发企业创新意愿，提高企业的污染控制能力和生产效率。在顶层设计层面，政府还可构建多层级的环境保护的管理体系，增强区域间的污染联防联控，将环境评估体系纳入政

绩考核内容，从而加强地区对环境保护的重视，加快工业绿色转型。

第二，加大政府财政科技支持力度，提高资金利用效率。一是鼓励企业开展技术创新活动，加大对新兴产业和关键技术或产业共性技术突破的支持，发挥高新产业带动的工业绿色转型效应。通过设立企业研发补贴的专项资金，增强企业的企业创新能力。发挥财政资金的杠杆效应，引导民间投资以改善企业创新投入的融资困境。二是通过建立和完善政府财政科技支持的发放和监管体系，提高财政科技支持的有效利用率，进一步提升政府资金运作效能。对取得科研成果或者成功实现成果转化的企业发放事后补贴，例如，发放"科技创新券"等形式，激发企业的创新热情。同时，完善财政内部管理机制，明确财政科技支持的使用去向，做到财政资金的透明化和公开化，提高财政补贴的效率效果。三是对研发进行税收优惠和对企业研发投入税前抵扣比例等政策，鼓励工业企业增加研发投资，促进绿色技术产业创新以及对重点行业和重大技术改造，提高先进产能比重。加强技术改造的基础工作，完善技术改造的管理体制和服务体系，完善支持企业技术改造的长效机制。

（三）立足地区资源禀赋优势，提高绿色创新发展的先进意识

各地区在推进技术市场发展来促进地方工业绿色转型时需要充分考虑本地区的资源优势与劣势不足。相对而言，东部沿海地区和以长江经济带为代表的中国经济都市圈，具有交通便捷的区位优势、矿产资源的禀赋优势、现代工业的产业优势和深厚的人力资本优势，城市密集，具有广阔的市场空间，这为工业绿色转型提供了良好的基础条件。而中西部等欠发达地区不论从技术市场发展现状，还是从工业绿色转型现状来看，均呈现出了与经济强市的明显差距。这是由于东部沿海等经济发达城市已进入了要素资源比较优势显现的后工业化阶段，技术市场发展、政府制度环境与工业绿色转型已呈现良性互动。对此，在国家层面上，在推进工业绿色转型

战略的同时，应基于地区产业走符合地区特性的工业绿色转型道路。通过加大中西部地区的教育教学，完善教育体系和提供多层次的职业培训，提高中西部等欠发达地区的人力资本水平。并通过加大政府对企业在人才引进、科技创新的力度，着力推动区域经济高质量增长。

此外，需要提高民众的绿色创新发展意识。一是需要提高对技术市场的认识。让技术交易的供需双方对技术市场有清晰的认识，了解技术市场与市场经济，以及其他生产要素的共同点和差异之处，明确技术市场的运行机制和成果转化与生产力的关系，提高企业对技术商品的有效需求，鼓励企业通过新产品和新技术的开发，加速技术产品更新迭代。二是增加社会民主对绿色经济的认识，增强环境保护和能源节约意识。通过推广绿色清洁产品，将"绿色经济"渗透到生产链中绿色标准、绿色管理和绿色生产等各环节，大力发展绿色企业文化，提升品牌的绿色竞争力，从而引导公众绿色消费。通过生态标签、资源协议等方式，鼓励公众共同参与环境保护，不断调动公众的积极性和主动性。加强群众的环境监督，保证污染信息的公开化、环境政策的民主化和环境诉讼的法制化。定期发布污染数据，接受公众的环境舆论监督。

第二节

研究局限与未来展望

一、研究局限

尽管本书从理论和实证层面分析了技术市场发展对工业绿色转型的影响及其机制，深入研究了影响可能存在的异质性，并拓展分析了制度环境对技术市场工业绿色转型效应的影响，较为全面和系统地回答了技术市场发展是否影响工业绿色转型，以及如何影响工业绿色转型的问题，提出了针对性的政策建议。但限于笔者的学术造诣及数据资料的客观不足，在工业绿色转型的理论内涵深入，以及在技术市场发展影响工业绿色转型的实证研究上也有待进一步提高。具体来说，主要体现在以下三个方面。

第一，就工业绿色转型的内涵需要深入挖掘和研究。本书尽管在已有文献的基础上深化了工业绿色转型的内涵。但工业绿色转型是一个持续且多方位进步的过程，仅仅从产品附加值、能源和污染物三方面进行概述并不全面。特别是在全球价值链和全国价值链的视角下的探析还远远不足。因此，在研究工业绿色转型的内涵方面需要不断深入。

第二，本书仅从技术进步与技术效率两个方面来探讨技术市场发展对工业绿色转型的影响路径。但事实上，技术市场发展产生了丰富且复杂的经济、文化效应，对工业绿色转型的作用不仅仅体现在技术进步和技术效率提升方面。由此，深入剖析可能存在的影响路径对更好地提升技术市场发展的工业绿色转型效应具有重要的现实意义。

第三，影响技术市场工业绿色转型效应的制度环境较为多样，除了环境规制和财政科技支持，金融政策、土地政策和劳动力政策等均可能对工业绿色转型发生长足影响。由此，在制度环境的研究上仍具有较大的扩展空间。从多角度来研究技术市场发展与制度环境的协同作用，是笔者需要不断拓展的内容和方向。

二、研究展望

基于以上本书的研究不足，在此提出下一步的研究展望。具体来说有以下三点。

第一，不断加强理论学习，通过阅读大量的文献和专业教材，深化对工业绿色转型内涵的理解，为后期工业绿色转型的研究奠定坚实的理论基础。

第二，通过实地调研等方式，深刻了解技术市场发展带来的经济和文化效应，试图找寻技术市场发展对工业绿色转型的其他内在机制，为理解技术市场发展和工业绿色转型的影响机理开拓新的视角。

第三，通过对比分析及案例研究等方法，对各地区的技术市场发展及工业绿色转型的制度环境进行评估分析，从而形成有效的政策建议。

参考文献

[1] 白洁. 对外直接投资的逆向技术溢出效应——对中国全要素生产率影响的经验检验 [J]. 世界经济研究, 2009 (8): 65-69, 89.

[2] 毕睿罡, 王学斌, 章元. 煤炭消耗、节能减排与经济表现——来自中国245个地级市的经验证据 [J]. 上海经济, 2018 (6): 47-59.

[3] 边钰雅, 王博, 杨硕. 吉林省技术市场发展策略研究 [J]. 海峡科技与产业, 2020, 33 (11): 30-32.

[4] 卜伟, 杨玉霞, 池商城. 中国对外贸易商品结构对产业结构升级的影响研究 [J]. 宏观经济研究, 2019 (8): 55-70.

[5] 蔡海亚, 徐盈之. 贸易开放是否影响了中国产业结构升级? [J]. 数量经济技术经济研究, 2017, 34 (10): 3-22.

[6] 陈超凡. 中国工业绿色全要素生产率及其影响因素——基于ML生产率指数及动态面板模型的实证研究 [J]. 统计研究, 2016, 33 (3): 53-62.

[7] 陈菲琼, 傅秀美. 区域自主创新能力提升研究——基于ODI和内部学习网络的动态仿真 [J]. 科学学研究, 2010, 28 (1): 133-140.

[8] 陈晴, 傅正华, 高宁. 我国技术市场的成就和新时期的主要任务 [J]. 科学管理研究, 2004 (1): 46-50.

[9] 陈晓华, 刘慧. 产品持续出口能促进出口技术复杂度持续升级吗?——基于出口贸易地理优势异质性的视角 [J]. 财经研究, 2015, 41 (1): 74-86.

[10] 程强, 武笛. 科技创新驱动传统产业转型升级发展研究 [J]. 科学管理研究, 2015, 33 (4): 58-61.

[11] 程中华, 刘军. 信息化对工业绿色增长的影响效应 [J]. 中国科技论坛, 2019 (6): 95-101, 108.

[12] 仇怡, 吴建军. 从投资国视角看ODI逆向技术外溢的影响因素 [J]. 财经科学, 2012 (8): 75-83.

[13] 大卫·皮尔斯. 绿色经济的蓝图 [M]. 北京: 北京师范大学出版社, 1996.

[14] 戴魁早, 刘友金. 要素市场扭曲与创新效率——对中国高技术产业发展的经验分析 [J]. 经济研究, 2016, 51 (7): 72-86.

[15] 戴魁早. 技术市场发展对出口技术复杂度的影响及其作用机制 [J]. 中国工业经济, 2018 (7): 117-135.

[16] 戴魁早. 中国工业结构的优化与升级: 1985—2010 [J]. 数理统计与管理, 2014, (3): 296-304.

[17] 戴燕艳. 关于完善我国技术市场的若干思考 [J]. 学海, 2002 (6): 158-160.

[18] 邓雨露. 区域技术市场发展与经济增长的相互关系研究——以福建省为例 [J]. 中国经贸导刊 (中), 2021 (3): 63-68.

[19] 董丽英, 刘巍. 京津冀技术市场建设的政策分析 [J]. 中国内部审计, 2019 (7): 91-93.

[20] 董敏杰, 李钢, 梁泳梅. 中国工业环境全要素生产率的来源分解——基于要素投入与污染治理的分析 [J]. 数量经济技术经济研究, 2012, 29 (2): 3-20.

[21] 樊纲, 王小鲁, 马光荣. 中国市场化进程对经济增长的贡献 [J]. 经济研究, 2011, 46 (9): 4-16.

[22] 范子英, 赵仁杰. 法治强化能够促进污染治理吗?——来

自环保法庭设立的证据 [J]. 经济研究, 2019, 54 (3): 21-37.

[23] 付德申, 孔令乾. 贸易开放、产业结构升级与经济增长 [J]. 商业研究, 2016 (8): 25-32.

[24] 傅雷, 牛芳. 我国技术市场存在的问题及对策 [J]. 武汉理工大学学报 (信息与管理工程版), 2004 (2): 172-175, 184.

[25] 傅正华, 张玢, 林耕, 李明亮. 我国技术市场发展的机遇、挑战和战略选择研究 [J]. 科技管理研究, 2016, 36 (4): 31-36.

[26] 干杏娣, 陈锐. 人民币升值、进出口贸易和中国产业结构升级 [J]. 世界经济研究, 2014 (9): 16-22, 87.

[27] 顾真溶, 蒋伏心. 长三角地区创新能力对技术市场交易效率的影响研究 [J]. 科技管理研究, 2019, 39 (4): 55-63.

[28] 郭然, 原毅军. 环境规制、研发补贴与产业结构升级 [J]. 科学学研究, 2020, 38 (12): 2140-2149.

[29] 郭熙保, 文礼朋. 从技术模仿到自主创新——后发国家的技术成长之路 [J]. 南京大学学报 (哲学. 人文科学. 社会科学版), 2008 (1): 28-35, 142.

[30] 韩刚, 谢云飞. 政府补贴与我国产业转型升级关系研究 [J]. 安徽工业大学学报 (社会科学版), 2019, 36 (1): 6-8, 19.

[31] 韩晶, 陈超凡, 冯科. 环境规制促进产业转型升级了吗?——基于产业技术复杂度的视角 [J]. 北京师范大学学报 (社会科学版), 2014 (1): 148-160.

[32] 韩永辉, 黄亮雄, 王贤彬. 产业政策推动地方产业结构升级了吗?——基于发展型地方政府的理论解释与实证检验 [J]. 经济研究, 2017, 52 (8): 33-48.

[33] 郝艳芳. 山西省技术市场和技术创新关系的协整分析 [D]. 太原: 太原理工大学, 2011.

[34] 何小钢, 王自力. 能源偏向型技术进步与绿色增长转型——基于中国33个行业的实证考察 [J]. 中国工业经济, 2015 (2): 50-62.

[35] 侯冬青, 尹君. 技术市场发展的困境和对策研究——以河南省为例 [J]. 创新科技, 2017 (4): 54-58.

[36] 胡淑娟, 王晓东, 赵淑梅, 刘水, 贾彦磊. 青海省技术市场发展现状、问题及对策分析 [J]. 智能城市, 2018, 4 (17): 17-21.

[37] 黄登笑, 牛盼强, 黄淇敏. 上海技术转移与经济增长效应实证分析 [J]. 现代管理科学, 2011 (6): 71-73.

[38] 黄海峰, 王锋, 高农农, 杨兴楠. "两型社会"建设路线图 [J]. 环境保护, 2009, 424 (14): 32-33.

[39] 黄亮雄, 王贤彬, 刘淑琳, 韩永辉. 中国产业结构调整的区域互动——横向省际竞争和纵向地方跟进 [J]. 中国工业经济, 2015, (8): 82-97.

[40] 黄志勇, 许承明. FDI对上海产业结构影响的实证分析——基于面板数据模型的研究 [J]. 产业经济研究, 2008 (4): 60-65.

[41] 惠宁, 刘鑫鑫. 信息化对中国工业部门技术创新效率的空间效应 [J]. 西北大学学报（哲学社会科学版）, 2017, 47 (6): 94-103.

[42] 姜慧敏, 崔颖. 基于技术合同分析的我国技术交易发展现状与对策研究 [J]. 科技管理研究, 2018, 38 (19): 31-37.

[43] 姜江. 技术市场发展: 中国与国际对比分析 [J]. 科技导报, 2020, 38 (24): 25-33.

[44] 蒋芬. 我国技术市场发展演变趋势、存在问题及对策建议 [J]. 科技通报, 2016, 32 (10): 250-254.

[45] 金刚, 沈坤荣. 以邻为壑还是以邻为伴？——环境规制执行互动与城市生产率增长 [J]. 管理世界, 2018, 34 (12): 43-55.

[46] 金为民. 我国技术市场的发展与经济增长的协整分析 [J]. 科学学与科学技术管理, 2009, 30 (4): 73-76, 80.

[47] 李柏洲, 孙立梅. 我国技术市场运行效率研究 [J]. 科技进步与对策, 2011, 28 (10): 1-5.

参 考 文 献

[48] 李斌, 彭星, 欧阳铭珂. 环境规制、绿色全要素生产率与中国工业发展方式转变——基于36个工业行业数据的实证研究 [J]. 中国工业经济, 2013 (4): 56-68.

[49] 李斌, 祁源, 李倩. 财政分权、FDI与绿色全要素生产率——基于面板数据动态GMM方法的实证检验 [J]. 国际贸易问题, 2016 (7): 119-129.

[50] 李昊, 周惠来, 黄悦悦, 付志新. 河南省技术市场发展现状与建议 [J]. 河南科学, 2020, 38 (11): 1878-1883.

[51] 李廉水, 程中华, 刘军. 中国制造业"新型化"及其评价研究 [J]. 中国工业经济, 2015 (2): 63-75.

[52] 李鹏雁, 刘淼. 吉林省能源消费与经济增长的关系分析 [J]. 节能技术, 2019, 37 (4): 327-330.

[53] 李文娟. 论技术市场的创新发展 [J]. 内蒙古科技与经济, 2021 (5): 11-12.

[54] 李晓英. FDI、环境规制与产业结构优化——基于空间计量模型的实证 [J]. 当代经济科学, 2018, 40 (2): 104-113, 128.

[55] 刘凤朝, 刘靓, 马荣康. 区域间技术交易网络、吸收能力与区域创新产出——基于电子信息和生物医药领域的实证分析 [J]. 科学学研究, 2015, 33 (5): 774-781.

[56] 刘和东. 中国技术市场与自主创新关系的实证研究 [J]. 科学学研究, 2006 (6): 974-978.

[57] 刘和旺, 刘博涛, 郑世林. 环境规制与产业转型升级: 基于"十一五"减排政策的DID检验 [J]. 中国软科学, 2019 (5): 40-52.

[58] 刘宏, 张蕾. 中国ODI逆向技术溢出对全要素生产率的影响程度研究 [J]. 财贸经济, 2012 (1): 95-100.

[59] 刘瑞翔, 安同良. 资源环境约束下中国经济增长绩效变化趋势与因素分析——基于一种新型生产率指数构建与分解方法的研究 [J]. 经济研究, 2012, 47 (11): 34-47.

[60] 刘小锋,李云波,马建军,孚肖肖,郑然. 河南省技术转移现状评价及对策研究 [J]. 科技创新与应用, 2021 (5): 49-52, 55.

[61] 刘璇,刘军. 区域技术创新扩散强度与效应研究——以京津冀和长三角地区为例 [J]. 经济问题, 2010 (9): 113-116.

[62] 柳卸林,贾蓉. 北京地区科学技术成果在中国的扩散模式——从技术市场的角度看 [J]. 科学学与科学技术管理, 2007 (12): 32-38.

[63] 卢东,朱立红. 我国地区技术市场的发展差异分析及对策探讨 [J]. 统计与决策, 2006 (3): 67-68.

[64] 卢华玲,周燕,姜军. 重庆市 R&D 投入、专利产出与技术市场发展关系研究 [J]. 科技管理研究, 2014, 34 (4): 90-96.

[65] 卢强,吴清华,周永章,周慧杰. 广东省工业绿色转型升级评价的研究 [J]. 中国人口·资源与环境, 2013, 23 (7): 34-41.

[66] 卢艳,刘治国,刘培林. 中国区域经济增长方式比较研究: 1978~2005 [J]. 数量经济技术经济研究, 2008 (7): 54-66.

[67] 鲁晓东. 技术升级与中国出口竞争力变迁: 从微观向宏观的弥合 [J]. 世界经济, 2014, 37 (8): 70-97.

[68] 罗知,齐博成. 环境规制的产业转移升级效应与银行协同发展效应——来自长江流域水污染治理的证据 [J]. 经济研究, 2021, 56 (2): 174-189.

[69] 毛霞滢,郑凌燕. 环境规制对沿海地区产业结构的影响研究——基于财政分权的视角 [J]. 科技与经济, 2021 (2): 106-110.

[70] 聂爱云,陆长平. 制度约束、外商投资与产业结构升级调整——基于省际面板数据的实证研究 [J]. 国际贸易问题, 2012 (2): 136-145.

[71] 潘雄锋,刘凤朝. 中国技术市场发展与经济增长的协整分析 [J]. 科学学研究, 2005 (5): 645-649.

[72] 彭甲超,易明. 我国技术市场发展的空间格局及其对经

济增长的影响［J］.科技管理研究,2018,38(14):30-35.

［73］彭敏,唐颖,林松.成渝双城一体化技术交易市场建设探索［J］.技术与市场,2020,27(12):12-15.

［74］彭桥,肖尧,陈浩.政府补贴、产业结构升级与阶段效应——基于古诺模型的分析框架［J］.工业技术经济,2020,39(5):119-126.

［75］彭星,李斌.不同类型环境规制下中国工业绿色转型问题研究［J］.财经研究,2016(7):134-144.

［76］彭星,李斌.贸易开放、FDI与中国工业绿色转型——基于动态面板门限模型的实证研究［J］.国际贸易问题,2015(1):166-176.

［77］任建松,李余根."十三五"以来安徽省技术市场发展现状、存在的问题及对策建议［J］.安徽科技,2020(8):11-13.

［78］任志成,戴翔.产品内分工、贸易自由化与中国产业出口竞争力［J］.国际贸易问题,2014(4):23-32.

［79］邵传林.住房价格是否阻碍了地区创新——基于中国285个地级市的空间计量研究［J］.现代经济,2018,(8):81-95.

［80］沈坤荣,傅元海.外资技术转移与内资经济增长质量——基于中国区域面板数据的检验［J］.中国工业经济,2010(11):5-15.

［81］沈映春,吴文静.产学研在技术交易合作模式下的信号博弈研究［J］.经济问题,2013(12):63-66.

［82］宋丽颖,张伟亮.财政科技投入对西部九省区市全要素生产率影响研究——基于面板分位数回归的方法［J］.经济问题探索,2017(4):83-94.

［83］宋林,王博,张永旺.环境规制、资源重置与工业行业转型升级［J］.大连理工大学学报(社会科学版),2021,42(1):16-26.

［84］宋雯彦,韩卫辉.环境规制、对外直接投资和产业结构

升级——兼论异质性环境规制的门槛效应 [J]. 当代经济科学, 2021, 43 (2): 109-122.

[85] 孙博文, 谢贤君, 张政. 技术市场如何影响绿色全要素生产率?——基于 OECD 绿色增长战略视角研究 [J]. 当代经济管理, 2020, 42 (8): 18-27.

[86] 孙海波, 林秀梅, 焦翠红. 政府税收、研发补贴与产业结构变迁 [J]. 经济评论, 2016 (6): 23-37.

[87] 孙瑾, 刘文革, 周钰迪. 中国对外开放、产业结构与绿色经济增长——基于省际面板数据的实证检验 [J]. 管理世界, 2014 (6): 172-173.

[88] 孙晓华, 王昀. 对外贸易结构带动了产业结构升级吗?——基于半对数模型和结构效应的实证检验 [J]. 世界经济研究, 2013 (1): 15-21, 87.

[89] 汤亚非, 邹纲明. 我国科技技术市场交易特点的分析 [J]. 科技管理研究, 2009, 29 (12): 41-43.

[90] 唐东波. 贸易开放、垂直专业化分工与产业转型升级 [J]. 世界经济, 2013, 36 (4): 47-68.

[91] 田波. 论新时期中国技术市场的培育与建设 [J]. 南方能源建设, 2021, 8 (1): 1-17.

[92] 童健, 刘伟, 薛景. 环境规制、要素投入结构与工业行业转型升级 [J]. 经济研究, 2016, (7): 43-57.

[93] 汪斌, 李伟庆, 周明海. ODI 与中国自主创新: 机理分析与实证研究 [J]. 科学学研究, 2010, 28 (6): 926-933.

[94] 汪倩. 基于半参数回归模型对中国技术市场的研究 [J]. 科技经济导刊, 2017 (17): 4-5, 3.

[95] 王方, 李华, 张毅. 技术市场中影响技术供需主体选择合作方的关键因素识别 [J]. 科学与管理, 2018, 38 (1): 66-72.

[96] 王鸿禄, 贾艳, 郭楷楠, 张晓亮. 山西省科技成果转化活动中技术市场的现状分析 [J]. 山西科技, 2020, 35 (6): 106-

107, 111.

[97] 王静. FDI 促进中国各地区产业结构优化的门限效应研究 [J]. 世界经济研究, 2014 (3): 73-79, 89.

[98] 王珺, 王宏伟, 姜江. 国内外技术交易市场法律法规对比 [J]. 科技导报, 2020, 38 (24): 77-91.

[99] 王玲, 陈仲常, 马大来. 节能减排、全要素能源生产率及行业异质性研究——基于中国制造业 28 个行业的实证分析 [J]. 当代财经, 2013 (10): 5-15.

[100] 王让剑, 刘立平. 进口贸易对产业结构升级的影响机制及效应分析 [J]. 内江师范学院学报, 2020, 35 (8): 100-107.

[101] 王永钦, 杜巨澜, 王凯. 中国对外直接投资区位选择的决定因素: 制度、税负和资源禀赋 [J]. 经济研究, 2014, 49 (12): 126-142.

[102] 王勇, 李建民. 环境规制强度衡量的主要方法、潜在问题及其修正 [J]. 财经论丛, 2015 (5): 98-106.

[103] 王昀, 孙晓华. 政府补贴驱动工业转型升级的作用机理 [J]. 中国工业经济, 2017 (10): 99-117.

[104] 王仲瑀. 京津冀地区能源消费、碳排放与经济增长关系实证研究 [J]. 工业技术经济, 2017, 36 (1): 82-92.

[105] 卫平, 余奕杉. 环境规制对制造业产业结构升级的影响——基于省级动态面板数据的系统 GMM 分析 [J]. 经济问题探索, 2017 (9): 144-152.

[106] 温忠麟, 叶宝娟. 中介效应分析: 方法和模型发展 [J]. 心理科学进展, 2014, 22 (5): 731-745.

[107] 温忠麟. 张雷, 侯杰泰, 刘红云. 中介效应检验程序及其应用 [J]. 心理学报, 2004 (5): 614-620.

[108] 文东伟, 冼国明, 马静. FDI、产业结构变迁与中国的出口竞争力 [J]. 管理世界, 2009 (4): 96-107.

[109] 巫强, 刘志彪. 进口国质量管制条件下的出口国企业创

新与产业转型升级 [J]. 管理世界, 2007 (2): 53-60, 172.

[110] 吴传清, 黄成. 排污异质性与长江经济带工业绿色转型发展研究 [J]. 湖北大学学报 (哲学社会科学版), 2021, 48 (1): 105-114, 173.

[111] 吴敏洁, 徐常萍, 唐磊. 环境规制与制造业产业结构升级——影响机理及实证分析 [J]. 经济体制改革, 2019 (1): 135-139.

[112] 吴穹, 仲伟周, 陈恒. 我国区域信息化对工业技术创新效率的影响——基于劳动-教育决策两部门 DSGE 模型的分析 [J]. 经济问题检索, 2018, (5): 1-16.

[113] 吴亚娅. 我国技术交易市场现状与发展对策研究 [J]. 江苏科技信息, 2018, 35 (18): 1-4.

[114] 夏凡, 冯华. 技术市场规模与区域技术进步——基于创新投入的多重中介效应分析 [J]. 宏观经济研究, 2020 (1): 95-111, 140.

[115] 夏良科. 人力资本与 R&D 如何影响全要素生产率——基于中国大中型工业企业的经验分析 [J]. 数量经济技术经济研究, 2010, 27 (4): 78-94.

[116] 肖黎明, 景睿. 外资流入与资源型区域主导产业转型升级——以山西为例 [J]. 区域经济评论, 2015, (4): 38-45.

[117] 肖挺, 刘华. 产业结构调整与节能减排问题的实证研究 [J]. 经济学家, 2014, (9): 58-68.

[118] 谢富纪. 全国技术市场的构建及政策建议 [J]. 科技导报, 2020, 38 (24): 18-24.

[119] 邢夫敏. FDI 主导型产业集群特征与本土企业产业转型升级对策——基于苏州笔记本电脑产业集群的经验分析 [J]. 科技进步与对策, 2013, 30 (2): 79-83.

[120] 徐承红, 张泽义, 赵尉然. 我国进口贸易的产业结构升级效应及其机制研究——基于"一带一路"沿线国家的实证检验

[J]. 吉林大学社会科学学报, 2017, 57 (4): 63-75, 204.

[121] 徐玉萍, 陈涛, 赵玲娜. 基于供给侧结构性改革的技术市场活力研究 [J]. 华东交通大学学报, 2020, 37 (6): 133-138.

[122] 徐忠明. 技术市场对装备制造业开放式创新的影响研究 [J]. 企业家天地下半月刊 (理论版), 2010 (3): 235-236.

[123] 许水平, 尹继东. 区域技术市场发展对创新能力的影响——基于2000-2011年省际面板数据分位数回归 [J]. 科技管理研究, 2014, 34 (24): 1-6.

[124] 杨兵, 姜向荣. 山东省技术市场发展现状及对策研究 [J]. 科学与管理, 2017, 37 (3): 68-73.

[125] 杨海丽, 梁伦西, 曾庆均, 钟成林. 对外贸易、FDI和产业结构优化升级——基于重庆数据的实证研究 [J]. 贵州商学院学报, 2019, 32 (2): 35-44.

[126] 杨林, 温馨. 环境规制促进海洋产业结构转型升级了吗?——基于海洋环境规制工具的选择 [J]. 经济与管理评论, 2021, 37 (1): 38-49.

[127] 杨亚妮, 荣良骥, 刘晓荣. 兰州市技术交易发展现状及对策研究 [J]. 甘肃科技, 2020, 36 (6): 1-3.

[128] 杨映明, 安华轩, 黄鸿. 2019年云南省技术市场统计分析与建议 [J]. 云南科技管理, 2020, 33 (3): 12-15.

[129] 杨宇轩, 赵淳宇. 四川省技术市场发展与经济增长的关系研究 [J]. 西南民族大学学报 (人文社科版), 2015, 36 (8): 122-126.

[130] 叶祥松, 刘敬. 异质性研发、政府支持与中国科技创新困境 [J]. 经济研究, 2018, 53 (9): 116-132.

[131] 叶祥松, 刘敬. 政府支持、技术市场发展与科技创新效率 [J]. 经济学动态, 2018 (7): 67-81.

[132] 易明, 彭甲超, 付书科. 技术市场发展绩效评价研究——以湖北省为例 [J]. 科技管理研究, 2017, 37 (4): 70-75, 81.

[133] 殷德生. 市场开放促进了产业转型升级吗？——理论及来自中国制造业的证据 [J]. 世界经济文汇, 2012 (1): 17-32.

[134] 于惊涛, 王珊珊. 基于低碳的绿色增长及绿色创新——中、美、英、德、日、韩实证与比较研究 [J]. 科学学研究, 2016, 34 (4): 528-538.

[135] 余淼杰. 中国的贸易自由化与制造业企业生产率 [J]. 经济研究, 2010, 45 (12): 97-110.

[136] 余泳泽, 潘妍. 中国经济高速增长与服务业结构升级滞后并存之谜——基于地方经济增长目标约束视角的解释 [J]. 经济研究, 2019, 54 (3): 150-165.

[137] 袁航, 朱承亮. 国家高新区推动了中国产业结构转型升级吗 [J]. 中国工业经济, 2018 (8): 60-77.

[138] 袁航, 朱承亮. 政府研发补贴对中国产业结构转型升级的影响: 推手还是拖累？ [J]. 财经研究, 2020, 46 (9): 63-77.

[139] 原毅军, 谢荣辉. FDI、环境规制与中国工业绿色全要素生产率增长——基于 Luenberger 指数的实证研究 [J]. 国际贸易问题, 2015, (8): 84-93.

[140] 原毅军, 谢荣辉. 环境规制的产业结构调整效应研究——基于中国省际面板数据的实证检验 [J]. 中国工业经济, 2014 (8): 57-69.

[141] 原毅军, 谢荣辉. 环境规制与工业绿色生产率增长——对"强波特假说"的再检验 [J]. 中国软科学, 2016 (7): 144-154.

[142] 岳鸿飞, 徐颖, 吴璘. 技术创新方式选择与中国工业绿色转型的实证分析 [J]. 中国人口·资源与环境, 2017, 27 (12): 196-206.

[143] 张帆. 环境规制的技术进步效应及其异质性研究——基于我国 271 个城市面板数据的实证检验 [J]. 信阳师范学院学报 (哲学社会科学版), 2020, 40 (1): 60-65.

[144] 张公嵬, 陈翔, 李赞. FDI、产业集聚与全要素生产率增

长——基于制造业行业的实证分析 [J]. 科研管理, 2013, 34 (9): 114-122.

[145] 张江雪, 朱磊. 基于绿色增长的我国各地区工业企业技术创新效率研究 [J]. 数量经济技术经济研究, 2012, 29 (2): 113-125.

[146] 张杰. 中国产业结构转型升级中的障碍、困局与改革展望 [J]. 中国人民大学学报, 2016, 30 (5): 29-37.

[147] 张林, 莫彩玲. 中国技术市场的时空演变特征 [J]. 经济地理, 2020, 40 (9): 125-132.

[148] 张汝飞, 刘超, 赵彦云. 技术市场对产业结构调整的促进效应——以北京技术市场为例 [J]. 技术经济, 2016, 35 (8): 74-82.

[149] 张汝飞, 刘超, 赵彦云. 技术市场与科技创新互动效应研究——以北京技术市场为例 [J]. 数学的实践与认识, 2016, 46 (16): 43-51.

[150] 张涛. 环境规制、产业集聚与工业行业转型升级 [D]. 徐州: 中国矿业大学, 2017.

[151] 张为付, 周长富, 马野青. 资本积累和劳动力转移驱动下开放型经济发展的环境效应 [J]. 南开经济研究, 2011 (4): 108-122.

[152] 张文彬, 谭沈阳, 王晓春. 江苏技术市场环境的空间相关性及其影响因素分析 [J]. 经济研究导刊, 2020 (30): 101-104.

[153] 张欣炜, 林娟. 中国技术市场发展的空间格局及影响因素分 [J]. 科学学研究, 2015, (10): 1471-1478.

[154] 张亚萍, 朱录, 胡兰丽. 技术市场对重大科技创新影响的实证分析——技术输出与技术吸纳视角 [J]. 科技进步与对策, 2020, 37 (19): 24-31.

[155] 张营营, 白东北, 高煜. 技术市场发展如何影响企业出口国内附加值率——来自中国的经验证据 [J]. 国际经贸探索,

2020, 36 (6): 25-41.

[156] 张优智. 技术市场发展与经济增长的协整检验——基于1987~2009年的数据分析 [J]. 大连理工大学学报（社会科学版）, 2011, 32 (4): 25-31.

[157] 张锺民. 环境规制下的产业结构及企业发展状况分析——以河北省为例 [J]. 产业与科技论坛, 2021, 20 (2): 74-75.

[158] 张座铭, 彭甲超, 易明. 中国技术市场运行效率：动态演进规律及空间差异特征 [J]. 科技进步与对策, 2018, 35 (20): 55-63.

[159] 章志华, 唐礼智. 空间溢出视角下的对外直接投资与母国产业结构升级 [J]. 统计研究, 2019, 36 (4): 29-38.

[160] 赵伟, 江东. ODI与母国产业转型升级：先行大国的经历及其启示——多视野的考察与分析 [J]. 浙江社会科学, 2010 (6): 2-10, 52, 125.

[161] 赵振波, 岳玮. 进出口贸易、产业结构与消费结构的相关关系——基于VAR模型的实证 [J]. 商业经济研究, 2019 (7): 113-116.

[162] 赵志娟, 李建琴. 技术市场对区域创新能力的影响研究 [J]. 科技管理研究, 2015, 35 (8): 62-65.

[163] 郑彩霞. 技术市场和技术交易现状及存在的问题——以福州市为例 [J]. 海峡科学, 2020 (12): 82-85.

[164] 郑京海, 胡鞍钢, Arne Bigsten. 中国的经济增长能否持续？——一个生产率视角 [J]. 经济学（季刊）, 2008 (3): 777-808.

[165] 郑荣, 姜毓锋. 技术市场发展现状及其影响因素分析 [J]. 图书情报工作, 2009, 53 (22): 13-17.

[166] 中国社会科学院工业经济研究所课题组. 中国工业绿色转型研究 [J]. 中国工业经济, 2011, (4): 5-14.

[167] 周荣蓉. 环境规制对安徽省产业结构优化升级的影响——

基于安徽省 16 个地市的实证分析 [J]. 华东经济管理, 2017, 31 (10): 16 - 20.

[168] 周叔莲, 王伟光. 科技创新与产业结构优化升级 [J]. 管理世界, 2001 (5): 70 - 78, 89 - 216.

[169] 周正柱, 冯加浩, 李瑶瑶. 长三角技术市场一体化发展现状及建议 [J]. 科技导报, 2020, 38 (24): 69 - 76.

[170] 朱卫平, 陈林. 产业转型升级的内涵与模式研究——以广东产业转型升级为例 [J]. 经济学家, 2011 (2): 60 - 66.

[171] 朱雪忠, 胡锴. 中国技术市场的政策过程、政策工具与设计理念 [J]. 中国软科学, 2020 (4): 1 - 16.

[172] Acemoglu, D., P. Aghion, L. Bursztyn, and D. Hemous. The Environment and Directed Technical Change [J]. *American Economic Review*, 2012, 102 (1): 131 - 66.

[173] Ambec, S., M. A. Cohen, S. Elgie, P. Lanoie. The Porter Hypothesis at 20: Can Environmental Regulation Enhance Innovation and Competitiveness? [J]. *Review of Environmental Economics and Policy*, 2013, 7 (1): 2 - 22.

[174] Ambec, S., P. A. Barla. Theoretical Foundation of The Porter Hypothesis [J]. *Economics Letters*, 2002, 75 (3): 355 - 360.

[175] Anandhi, S. B. A Resource-based Perspective On information Technology Capability and Firm Performance: An Empirical Investigation [J]. *MIS Quarterly*, 2000, 24 (1): 169 - 196.

[176] Audretsch, D. B., M. P. Feldman. Knowledge Spillovers and the Geography of Innovation [J]. *Handbook of Regional and Urban Economics*, 2003, 4 (3): 2713 - 2739.

[177] Banker, R. D., I. R. Bardhan, H. Chang, and S. Lin. Plant Information Systems, Manufacturing Capabilities, and Plant Performance [J]. *MIS quarterly*, 2006: 315 - 337.

[178] Baron, R. M., D. A. Kenny. The Moderator-Mediator Vari-

able Distinction in Social Psychological Research: Conceptual, Strategic and Statistical Consideration [J]. *Journal of Personality and Social Psychology*, 1986, 51, 1173 – 1182.

[179] Burchardi, K. B. , T. A. Hassan. The Economic Impact of Social Ties [J]. *The Quarterly Journal of Economics*, 2013, 128 (3): 1219 – 1271.

[180] Cesaroni, F. , R. Arduini. Environmental Technologies in the European Chemical Industry [J]. *Laboratory of Economics and Management (LEM), Sant' Anna School of Advanced Studies, Working Paper*, 2001, 9.

[181] Chenery, H. B. , M. Syrquin, and H. Elkington. Patterns of Development, 1950 – 1970 [M]. London: *Oxford University Press*, 1975.

[182] Chung, Y. H. , R. Färe, S. Grosskopf. Productivity and Undesirable Outputs: A Directional Distance Function Approach [J]. *Journal of Environmental Management*, 1997, 51 (3): 229 – 240.

[183] Coe, D. T. , E. Helpman. International R&D Spillovers [J]. *European Economic Review*, 1995, 39 (5): 859 – 887.

[184] Copeland, Brian R. , Taylor M. Scott. North-South Trade and the Environment [J]. *The Quarterly Journal of Economics*, 1994, 109 (3): 755 – 787.

[185] Driffield, N. , J. H. Love. Foreign Direct Investment, Technology Sourcing and Reverse Spillovers [J]. *The Manchester School*, 2003, 71 (6): 659 – 672.

[186] Gereffi, G. , L. Sklair. Capitalism and Development: Capitalism, Development and Global Commodity Chains [M]. New York: *Routledge*, 1994: 211 – 231.

[187] Gereffi, G. , M. Korzeniewicz. Commodity Chains and Global Capitalism [M]. *ABC-CLTO*, 1994.

[188] Gereffi, G. , R. Kaplinsky. Introduction: Globalisation, Val-

ue Chains and Development [J]. *IDS Bulletin*, 2001, 32 (3): 1-8.

[189] Hallegatte, S. , G. Heal, M. Fay, and D. Treguer. From Growth to Green Growth-a Framework [R]. *National Bureau of Economic Research*, 2012.

[190] Hejazi, W. , P. Pauly. Motivations for FDI and Domestic Capital Formation [J]. *Journal of International Business Studies*, 2003, 34 (3): 282-289.

[191] Hoffmann, W. G. The Growth of Industrial Economics [M]. Oxford: Oxford University, 1931.

[192] Janicke, M. "Green growth": From A Growing Eco-industry to Economic Sustainability [J]. *Energy Policy*, 2012, 48: 13-21.

[193] Jensen, C. Foreign Direct Investment, Industrial Restructuring and The Upgrading of Polish Exports [J]. *Applied Economics*, 2002, 34 (2): 207-217.

[194] Jones, R. S. , B. Yoo. Korea's Green Growth Strategy: Mitigating Climate Change and Developing New Growth Engines [R]. *OECD Publishing*, 2011.

[195] Kaplinsky, R. , J. Readman. Globalization and Upgrading: What Can (and Cannot) Be Learnt from International Trade Statistics in the Wood Furniture Sector? [J]. *Industrial and Corporate Change*, 2005, 14 (4): 679-703.

[196] Kippenberg, E. Sectoral Linkages of Foreign Direct Investment Firms to The Czech Economy [J]. *Research in International Business and Finance*, 2005, 19 (2): 251-265.

[197] Lanoie, P. , J. Laurent-Lucchetti, N. Johnstone, and S. Ambec. Environmental Policy, Innovation and Performance: New Insights on the Porter Hypothesis [J]. *Journal of Economics & Management Strategy*, 2011, 20 (3): 803-842.

[198] Lorek, S. , J. H. Spangenberg. Sustainable Consumption within

A Sustainable Economy-beyond Green Growth and Green Economies [J]. *Journal of Cleaner Production*, 2014, 63: 33 – 44.

[199] Menyah, K., Y. Wolde-Rufael. Energy Consumption, Pollutant Emissions and Economic Growth in South Africa [J]. *Energy Economics*, 2010, 32 (6): 1374 – 1382.

[200] Nathan, N., Q. Nancy. US Food Aid and Civil Conflict [J]. *American Economic Review*, 2014, 104 (6): 1630 – 1666.

[201] Nunn, N., N. Qian. U.S. Food Aid and Civil Conflict [J]. *American Economic Review*, 2014, 104 (6): 1630 – 1666.

[202] OECD. Climate Change, Economic Instruments and Income Distribution [R]. *Paris*, 2005.

[203] Porter, M. E. Towards A Dynamic Theory of Strategy [J]. *Strategic Management Journal*, 1991, 12: 95 – 117.

[204] Potterie, B. P., F. Lichtenberg. Does Foreign Direct Investment Transfer Technology across Borders? [J]. *Review of Economics and Statistics*, 2001, 83 (3): 490 – 497.

[205] Salidjanova, N. Going Out: An Overview of China's Outward Foreign Direct Investment [M]. *US-China Economic and Security Review Commission*, 2011.

[206] Song, M. The Effect of Perceived Technological Uncertainty on Japanese New Product Development [J]. *A-cademy of Management Journal*, 2001, 44 (1): 61 – 80.

[207] Sturgeon, T. J. How Do We Define Value Chains and Production Networks? [J]. *IDS Bulletin*, 2001, 32 (3): 9 – 18.

[208] Sun, Y., D. Du. Determinants of Industrial Innovation in China: Evidence from Its Recent Economic Census [J]. *Social Science Electronic Publishing*, 2010, 30 (9 – 10): 540 – 550.

[209] Teresa, Shuk-Ching P. Beyond the Global Production Networks: A Case of Further Upgrading of Taiwan's Information Technology

Industry [J]. *Int. J. of Technology and Globalisation*, 2004, 1 (1): 130 -144.

[210] Tone, K. Dealing with undesirable outputs in DEA: A Slacks-based Measure (SBM) Approach [J]. *Presentation At NAPW III*, Toronto, 2004: 44 -45.

[211] Warkentin, M. E., L. Sayeed, and R. HIGHTOWER. Virtual Teams Versus Face-to-face Teams: An Exploratory study of A Web-based Conference System [J]. *Decision Sciences*, 1997, 28 (4): 975 -995.

[212] Yabar, H., M. Uwasu, and K. Hara. Tracking Environmental Innovations and Policy Regulations in Japan: Case Studies on Dioxin Emissions and Electric Eome Appliances Recycling [J]. *Journal of Cleaner Production*, 2013, 44: 152 -158.

[213] Yang, C. H., Y. H. Tseng, and C. P. Chen. Environmental Regulations, Induced R&D, and Productivity: Evidence from Taiwan's Manufacturing Industries [J]. *Resource and Energy Economics*, 2012, 34 (4): 514 -532.

[214] Zhao, X., B. Sun. The Influence of Chinese Environmental Regulation on Corporation Innovation and Competitiveness [J]. *Journal of Cleaner Production*, 2016, 112: 1528 -1536.